글 큰★별쌤 최태성

랜선 제자만 700만 명, 역사 커뮤니케이터!
고교 시절 성적이 잘 나와서 역사를 잘하는 것으로 착각하고 사학과에 진학했다. 그러나 대학교 1학년 때 우연히 5·18 민주화 운동 영상을 보고 그동안 알고 있던 역사적 사실에 회의를 느끼게 되면서 다시 새로운 시선으로 역사를 공부하게 되었고, 그 후 지난 30년간 고등학교 역사 교사, 한국사 교과서 집필, TV 역사 프로그램 진행, 역사 강연 등의 활동을 하며 '역사란 무엇인가'라는 질문에 대한 답을 찾는 여정을 이어 왔다. 지금은 '역사란 사람을 만나는 인문학'임을 믿으며 과거의 시간과 사람에 대한 애정을 가슴에 담고 살아가고 있다.

- 전 대광고등학교 교사, EBS 한국사 대표 강사
- 유튜브 채널 '최태성 1TV', '최태성 2TV', '최태성 초등TV' 무료 강의 진행
- 사랑의열매 고액 기부자 모임 '아너 소사이어티' 회원 및 홍보대사
- KBS〈역사저널 그날〉, tvN STORY〈벌거벗은 한국사〉등 출연

그림 신진호

대학과 대학원에서 조형 예술을 공부하고 일러스트레이터로 활동하고 있다. 네이버 그라폴리오에〈심플라이프〉라는 제목으로 일상의 소중함과 인생의 아름다움을 담은 작품을 연재하고 있다. 그림을 그린 책으로《매화꽃 편지》,《선감학원의 비밀》,《우리는 벚꽃이야》,《여름맛》,《다와의 편지》,《창덕궁 꾀꼬리》,《퓨마의 오랜 밤》,《그냥 베티》등이 있다.

G grafolio.ogq.me/profile/신진호/projects   instagram.com/sunnyshino

어린이를 위한
역사의 쓸모 ❶

선사 시대 - 남북국 시대

초등 별님들의 역사 놀이터
최태성 초등TV

어린이를 위한
역사의 쓸모 ❶

선사 시대 – 남북국 시대

글 **최태성** | 그림 **신진호**

들어가는 글

많이 배우지 맙시다!

　우리는 아침에 눈을 뜨자마자 잠들 때까지 학교와 학원에서 시간을 보내요.
　그렇지만 너무 열심히 배우다 보면 그만큼 지혜로운 삶에서는 멀어질 수도 있습니다.

　잠깐만
　배움을 멈추고
　책을 덮고
　가만히 생각해 봐요.

나는 누구인지

나는 어떻게 살 것인지

자주, 많이 생각해 봅시다.

이 책에서는 많은 역사적 사실을 나열하기보다 역사를 읽으며 어떻게 생각해야 할지 방향성을 알려주는 데 초점을 맞췄습니다. 그래서 이 책은 다른 책에 비해 불친절해 보일지도 몰라요. 유물을 보여 주는 사진도 별로 없고 만화로 쉽게 역사적 사실을 보여 주는 것도 아니거든요. 그저 추상적인 삽화 몇 컷이 들어가 있을 뿐이지요.

일부러 그렇게 구성했습니다.

왜냐고요?

책을 읽으며 상상하기 위해서요.

여러분이 역사 속에서 마음껏 상상할 수 있도록 말이에요. 선생님은 여러분의 그런 상상들이 모두 존중받아야 한다고 생각해요.

　이 세상에 사는 사람들은 모두 각자의 색깔을 가지고 살아가요. 하나도 같지 않습니다. 각자 다른 색깔의 사람들이 모여 하나의 지구를 형성하지요. 서로 다른 사람이 모여 만들어진 지구. 그 모든 시간을 담고 있는 것이 바로 역사입니다. 역사는 결국 지나간 사람의 삶을 통해 나의 삶을 채워 나갈 수 있도록 도와주는 학문이에요.

　많이 배웁시다.
　무엇에 대해서?
　나에 대해서요.

　우리는 정말 긴 시간을 살아가요.
　그런데 정작 '나' 자신을 모르고 살아간다면 얼마나 허무하겠어요.

세상에 오직 하나뿐인 '나'.

이 책에 등장하는 많은 과거 사람들과 대화하며 나 자신을 찾아갈 수 있어요.

그래서 역사는 정말 쓸모 있습니다.

아무쪼록 이 책이 여러분의 건강한 성장에, 여러분을 찾아 떠나는 여행에 좋은 친구가 되길 바랍니다.

2022년 분당 연구소에서

차례

들어가는 글 · 4

1장 지나간 일을 굳이 배워야 할까요? 11
함께 살아가는 이유

2장 곰이 인간이 되는 이야기도 역사인가요? 25
널리 사람을 이롭게 하는 마음

3장 고구려는 광개토 태왕이 다 한 것 아닌가요? 38
선택의 힘

4장 순수비는 순수하게 돌만 서 있어서 순수비인가요? 54
때로는 냉정한 선택이 필요하다

5장 백제는 왜 이렇게 존재감이 없나요? 68
힘으로 결정되지 않는 가치

6장 삼국 시대인데 나라가 네 개라고요? 85
삼국을 넘어 사국의 시대로

7장 한국, 중국, 일본 중 어느 나라가 가장 뛰어났나요? 100
뛰어남의 기준

8장 고구려에게 패배한 수·당은 시시한 나라인가요? 115
기적을 만들어 내는 비법

9장 신라는 어떻게 삼국을 통일할 수 있었나요? 131
끝날 때까지 끝난 게 아니다

10장 원효 대사는 정말로 해골 물을 마셨나요? 147
모든 것은 마음먹기에 달려 있다

11장 중국은 왜 발해를 자기네 역사라고 하나요? 161
잘못된 주장에 맞서는 지혜

12장 위인들은 다 좋은 집안에서 태어난 똑똑한 사람들인가요? 174
내 가능성을 믿고 쫄지 말자

사진으로 만나는 문화유산 · 190
《어린이를 위한 역사의 쓸모》를 추천해 주신 선생님들 · 204

지나간 일을 굳이 배워야 할까요?

함께 살아가는 이유

어제 먹었던 맛있는 음식이나, 주말에 가족과 함께했던 즐거운 일은 시간이 지나도 오래 남아 있어요. 그리고 그런 기억은 우리에게 정말 중요합니다. 좋은 추억은 살아가는 데 힘이 되거든요. 또 나중에 무엇을 먹을지, 어디에 가서 놀지 고민할 때도 과거의 기억은 선택에 도움이 되죠. 또 친구들에게 자랑할 수도 있고요. 하지만 수백, 수천 년 전에 살았던 사람들의 이야기를 들으면 대부분 나와 상관없다는 생각을 하게 돼요.

여러분도 역사를 배우다가 "왜 이런 것까지 알아야 하는 거지?"라고 생각한 적이 있을지도 모르겠어요.

역사 속 사건은 우리와 너무 멀리 떨어져 있는 것처럼 보이기 때문이죠. 하지만 역사는 그저 과거의 사실만을 이야기하는 것이 아니에요. 우리는 역사를 통해 과거에 살았던 사람들을 만날 수 있거든요.

역사를 자세히 들여다보면 백 년 전, 천 년 전 사람들도 우리와 비슷한 고민을 하고, 위기를 겪고 또 그것을 극복해 나갔어요. 그래서 역사를 공부할 때는 역사 속 사람들과 대화하는 자세를 가지는 것이 가장 중요합니다. 역사 속 인물들에게 질문을 던지는 거예요.

여러분도 어려운 상황에 부딪힐 때가 자주 있죠? 친구와 다툴 수도 있고, 생각보다 시험 성적이 안 나올 수도 있고, 부모님께 서운할 때도 있을 거예요.

그럴 때마다 과거에 살았던 사람들과 이야기를 나눠 보면 어떨까요? 역사 속 인물과 대화를 나누면서 그들이 들려주는 이야기를 통해 어려운 상황을 해결할 멋진 방법을 찾아낼 수 있지 않을까요? 아마도 이 책이 역사 속 사람을 만나는 시간 여행을 돕는 타임머신이 되어 줄 거예요.

그럼 먼저 역사책을 펼치면 처음으로 만나게 되는 시대, 선사 시대로 가서 과거 사람들의 생각과 고민을 들여다보기로 해요.

원시인이 우리와 비슷하다고요?

선사 시대는 문자로 기록을 남기기 전 시대를 말해요. 반대로 문자로 기록을 남긴 시대는 역사 시대라고 하죠. 선사 시대에는 돌멩이를 도구로 사용한 구석기 시대와 신석기 시대가 포함됩니다.

떠나기에 앞서 선사 시대 사람들을 상상해 볼까요? 혹시 돌멩이를 든 채 괴상한 소리를 내며 뛰어다니는 원숭이와 비슷한 모습을 한 사람, 흔히 '원시인'이라고 불리는 사람을 떠올리지 않았나요? 이런 모습을 떠올리면 그때 사람들이 지금의 우리보다 여러모로 뒤떨어져 있었다고 생각하기 쉽지요.

하지만 이들은 어떤 면에서는 우리보다 훨씬 뛰어난 능력을 지니고 있었어요. 설명서도 없는 환경에서 인터넷으로 영상을 찾아보거나 검색도 하지 않고 자신에게 필요한 도구를 만들어 냈으니까요.

이때 만들어 낸 도구로는 구석기 시대의 만능 도구인 주먹 도끼가 있어요. 구석기 시대 사람들은 한 손에 쏙 들어오게 만들어진 주먹 도끼를 사용해 사냥도 하고, 사냥한 고기를 손질하기도 하고, 식물을 캐서 먹기도 했어요. 주먹 도끼는 지금의 스마트폰처럼 구석기 시대 사람들의 생활을 편리하게 해 주는 도구였지요.

요즘은 워낙 다양한 물건이 넘쳐 나서 주먹 도끼의 쓰임이 별로 와닿지 않을 수도 있지만, 주먹 도끼는 그 시대 사람들의 엄청난 고민이 담겨 있는 도구예요.

구석기 시대 사람들도 보다 편리한 생활을 위해 필요한 도구가 무엇일까 끊임없이 고민했을 거예요. 그리고 조금이라도 쓸모 있는 도구를 탄생시키기까지 수많은 시행착오를 거쳤겠지요. 그런 과정 끝에 자신에게 꼭 필요한 도구인 주먹 도끼를 만들어 낼 수 있었어요.

이렇게 보면 구석기 시대 사람들과 우리는 비슷해요. 지금 우리도 좀 더 나은 생활을 위해 쉴 새 없이 새로운 도구를 개발하고 있으니까요.

석기 시대 사람들이 돌멩이만 가지고 살아남은 비결은 뭔가요?

구석기 시대 사람들은 지금의 우리와는 전혀 다른 환경에서 살았어요. 추위를 견뎌야 했고, 언제 생명을 위협하는 야생 동물이 나타날지 몰랐으니까요. 또 편의점이나 마트가 있을 리 없으니 먹고살기 위해서는 스스로 음식을 구해야 했어요. 이 시기의 인간은 자연이 주는 대로 받아들이며 살아갔어요. 주변에 먹을 만한 열매나 사냥할 만한 짐승이 있으면 다행이지만 먹을 것이 떨어지면 다른 곳으로 떠나야만 했지요.

하지만 주변에 먹을 것이 있어도 문제였어요. 사냥은 정말 어렵고 위험한 일이거든요. 사람에게는 날카로운 발톱과 이빨도, 두꺼운 가죽도 없잖아요. 먹을 것을 얻으려다 오히려 짐승한테 쫓길 수도 있지요. 그리고 식물도 마음대로 먹기 어려웠어요. 독이 들어 있는 식물도 있고, 식물을 채집하다가 벌레나 뱀에게 물릴 수도 있으니까요.

이런 위험한 상황에서 살아남기 위해서는 어떻게 해야 할까요? 구석기 시대 사람들은 '함께'에서 답을 찾았습니다. 여러 명이 무리 지어 다니면서 함께 생활하는 거지요. 혼자서는 힘들지만 힘을 모으면 무서운 야생 동물도 잡을 수 있었어요. 채집을 할 때도 무리의 지혜와 경험을 모아 어떤 식물에 독이 들었는지 알고 피해 갈 수 있었고요.

그러면서 구석기 시대 사람들은 무리 생활의 달인이 되었어요. 함께하는 게 얼마나 중요한지 알아 버린 거예요. 아까 설명한 것처럼 아무리 힘이 세도 혼자 사냥에 나설 수는 없어요. 인간은 다른 동물처럼 빠르지도 강하지도 않으니까요.

구석기 시대 사람들은 자신들의 약점을 잘 알고 있었어요. 그래서 그들은 늘 함께 행동했어요. 다 같이 사냥하고 채집한 것들을 나눠 먹었습니다. 자기 욕심만 채우는 것보다 함께 나누어야 살아남을 수 있다는 중요한 사실을 깨닫게 된 것이지요.

역사는 서로 의지하면서
발전한 시간

한자로 사람 인(人) 자는 두 사람이 서로 기대어 있는 모습을 나타낸 것이라고 해요. 사람은 혼자서는 살 수 없다는 것을 의미하죠.

사람들이 함께 살아가는 법을 터득한 첫 번째 시대인 구석기 시대는 약 칠십만 년 동안 계속됩니다. 상상도 하기 힘든 긴 시간이지만, 그 오랜 시간 동안 사람들은 계속해서 함께하며 지혜를 모았을 거예요. 칠십만 년이 지나면서 거칠고 투박한 뗀석기는 날카롭고 정교한 간석기로 변했고, 사람들은 점점 더 다양한 용도의 석기를 만들어 냈어요.

그리고 구석기 시대가 지나고 신석기 시대가 되면 드디어 농사를 짓기 시작합니다. 농사가 시작되면서 사람들은 더 이상 이곳저곳으로 떠돌아다닐 필요가 없게 되었어요. 같은 자리에 씨를 뿌리고 기다리면 곡식을 얻을 수 있었으니까요.

구석기 시대 사람들은 자연이 주는 것을 받아들이면서 살았어요. 그런데 신석기 시대 사람은 자연을 이용해 식량을 생산하기 시작합니다. 이것은 너무나 큰 변화였어요. 그래서 농사의 시작을 '신석기 혁명'이라고까지 부릅니다.

신석기 시대 사람들은 한곳에 머물러 생활하기 시작하면서 집이 필요해졌어요. 그들은 구덩이를 파고 나무로 기둥을 세운 다음, 풀이나 갈대를 엮어 만든 지붕을 얹어서 자신들이 살 집을 완성했어요. 이런 집을 움집이라고 부릅니다.

그리고 수확한 농작물을 저장하고 조리하기 위해 토기를 만들어 사용했죠. 우리가 교과서나 박물관에서 만나게 되는 빗살무늬 토기가 신석기 시대 사람들이 사용한 대표적인 토기예요. 농사를 지으면서 정말 많은 것이 바뀐 거예요.

혼자서는 결코 농사를 짓는 것과 같은 큰 변화를 만

들어 낼 수 없어요. 농사를 지으면서 땅을 일구고, 씨를 뿌리고, 수확을 하는 것은 많은 사람의 힘을 합쳐야만 하는 일이거든요.

게다가 당시에는 초보적인 수준으로 농사를 지었기 때문에 농사만으로는 배고픔을 벗어날 만큼의 충분한 식량을 얻을 수 없었어요. 그래서 물고기잡이, 사냥, 채집 등을 계속해야 했죠.

신석기 시대가 되면 무리에 소속된 사람들의 숫자가 점점 많아지기 시작해요. 그전에는 사냥감을 잡기 위해 많아야 이십여 명의 사람들이 무리 지어 다녔다면, 이제는 농사를 짓기 위해 집을 건설하고 정착 생활을 하면서 가족, 친척들이 한데 모여 살게 된 것이죠. 이것을 '씨족'이라고 불러요. 그리고 나중에는 결혼을 통해 서로 다른 씨족이 합쳐지면서 보다 큰 공동체인 부족이 만들어집니다.

석기 시대보다 훨씬 발전한 지금도 우리는 함께 살아야 하나요?

지금은 여기저기에서 식당이나 마트, 쇼핑몰을 만날 수 있어요. 스마트폰을 사용하면 언제 어디서든 맛있는 음식을 찾아서 주문할 수도 있고요. 돈만 있으면 누군가의 도움을 받지 않아도 충분히 잘살 것 같지요. 그래서 지금 우리가 공동체 속에 살고 있다는 생각을 하지 못하는 경우가 많아요. 하지만 우리는 대한민국이라는 엄청나게 큰 공동체 안에서 살아간답니다.

우리가 같이 살펴본 구석기나 신석기 시대에는 몇십 명, 몇백 명이 무리 지어 살았지만 청동기 시대가 되면 무리의 숫자가 더 늘어나 부족이 돼요. 그 부족들이 합쳐지면서 드디어 국가가 등장하게 됩니다.

그리고 2020년대가 된 지금, 우리나라에는 오천만 명이 넘는 사람이 모여 대한민국이라는 나라를 이루며 살고 있어요. 선사 시대부터 내려온 지혜를 우리가 이어받은 거예요.

우리는 힘을 합쳐 대한민국이라는 나라를 조금 더 살기 좋은 나라로 만들어 가고 있어요. 그런 힘은 다른 나라와 외교를 하거나 무역을 할 때 나타나죠.

우리가 살고 있는 지역도 하나의 공동체예요. 우리가 사는 지역에 도서관이 필요하면 의견을 모아 도서관을 세우도록 요구할 수도 있어요. 또 안전하게 학교를 다니기 위해 교통사고를 방지할 다양한 시설을 마련하도록 의견을 제시할 수도 있지요. 이런 일은 혼자서는 해결하기 어려운 일이에요. 하지만 힘을 합치면 이뤄 낼 수 있습니다.

일상생활 속에서도 우리는 다른 사람의 도움을 받으며 살아갑니다. 여러분이 먹는 음식, 입는 옷, 사는 집 모두 많은 사람의 힘이 합쳐져 만들어진 것이니까요.

앞으로 시간이 흘러서 천 년, 만 년이 지나면 우리가 사용하는 스마트폰도 주먹 도끼처럼 옛날 옛적에 사용하던 유물이 되겠지요. 그럼 미래 사람들은 우리를 원시인이라고 부를지도 몰라요.

하지만 세상이 더욱 발전하더라도 '함께' 살아가는 것의 중요성은 변하지 않을 거예요. 우리는 늘 서로 돕고 의지하면서 살아왔거든요.

곰이 인간이 되는 이야기도 역사인가요?

널리 사람을 이롭게 하는 마음

아주 먼 옛날, 하늘나라를 다스리는 신 환인과 아들 환웅이 살았습니다. 환웅은 늘 하늘 아래 인간 세상에 대한 호기심을 갖고 있었어요. 계속해서 아버지 환인에게 인간 세상에 내려가고 싶다고 졸랐지요. 아버지로서는 자신이 하늘의 신인데 아들을 아무 데로나 보낼 수는 없잖아요? 그래서 인간 세상을 쭉 내려다봅니다. 그러던 중 한 지역이 눈에 들어와요. "이 정도 땅에서 시작하면 인간들을 널리 이롭게 할 수 있겠다!" 싶은 곳이었지요.

환인은 바람, 비, 구름을 다스리는 신하들과 함께 환웅을 그곳으로 내려보냅니다. 땅으로 내려온 환웅은 인간 세상을 다스리며 사람들을 가르치고 이끌었어요. 우리가 잘 알고 있는 곰과 호랑이 이야기는 바로 이때 시작돼요.

어느 날 곰과 호랑이가 환웅에게 찾아와 사람이 되고 싶다고 말합니다. 그러자 환웅은 쑥과 마늘을 주고 이것만 먹으며 백 일 동안 버티라고 하죠. 마늘과 쑥을 열심히 먹던 곰과 호랑이. 호랑이는 "난 못해!" 하고 도망갔고, 환웅의 말대로 끝까지 버틴 곰은 사람이 돼요.

곰은 여자가 되어 잠시 인간으로 변한 환웅과 결혼해 아이를 낳습니다. 그 아이가 바로 단군왕검이에요. 단군왕검은 우리 역사상 첫 번째 나라인 고조선을 세운 사람입니다.

• • •

고조선 건국 이야기는 지금 우리의 상식으로는 조금 이상하게 들릴 수도 있습니다. '쑥과 마늘을 먹은 곰이 인간이 되고, 그 곰이 하늘에서 내려온 환웅과 결혼을 해서 아들을 낳았다니……. 그럼 우리는 곰의 자손인 거야? 말도 안 돼!' 이렇게 생각할 수도 있어요.

여러분만 이런 생각을 했던 것은 아니에요. 예전부터 고조선 건국 이야기처럼 터무니없는 이야기는 역사가 될 수 없다고 생각하는 사람들이 있었어요.

현재 남아 있는 우리나라 역사책 중에서 가장 오래된 책인 《삼국사기》에는 고조선 건국 이야기가 실리지 못했어요. "곰이 사람으로 변해서 결혼을 하고 단군을 낳았다고? 말도 안 돼!" 그러고선 그냥 지워 버렸던 거지요.

하지만 백여 년 후에 일연이라는 스님이 그렇게 버려진 이야기들을 차곡차곡 모아 《삼국유사》를 펴냅니다. 여기에는 고조선 건국 이야기가 실리게 되었죠.

고조선 건국 이야기를 '단군 신화'라고도 해요. 신화는 고대에 살던 사람들의 생각이 담겨 있는 신성한 이야기입니다. 그래서 우리에게 전해지는 신화에는 믿기 어려운 이야기들이 많이 있어요. 특히 한 나라가 세워진 과정을 보여 주는 건국 신화에는 나라를 세운 인물이 특별한 존재라는 것을 드러내기 위해 극적인 이야기를 덧붙이곤 하죠.

이런 신화는 아주 옛날부터 입에서 입으로 전해졌어요. 그러면서 어떤 이야기는 더 부풀려지거나 흥미를 돋우기 위해 꾸며졌을 거예요. 오랜 세월이 흐르면서 내용이 바뀌기도 했을 거고요.

하지만 신비한 이야기 속에는 그 시대의 사회 모습을 파악하는 데 도움이 될 만한 힌트가 많이 숨어 있어요. 그러니 우리가 곰의 자손이냐고 따지기 전에 고조선 건국 이야기에서 우리가 몰랐던 새로운 사실들을 찾아내 볼까요?

먼저 환웅은 하늘에서 내려온 신입니다. 그리고 곰과 호랑이가 환웅을 찾아가 인간이 되게 해 달라고 빌죠. 환웅은 인간이 된 곰인 웅녀와 결혼해 단군을 낳아요.

왜 하필 곰이었을까요? 아마 당시 곰을 섬기는 부족과 호랑이를 섬기는 부족이 있었을 거예요. 또 환웅과 같은 하늘신을 믿는 부족도 있었겠죠. 즉, 곰을 믿는 부족과 하늘신을 믿는 부족이 힘을 합쳐 세운 나라가 바로 고조선이라고 추측할 수 있어요.

　실제로 역사에서 청동기 시대가 되면 국가가 등장합니다. 힘이 센 부족은 전쟁을 통해 다른 부족을 정복하고 땅과 사람들을 차지했어요. 그렇게 부족의 규모가 점점 커지면서 나라가 세워진 것이죠.

　우리 역사의 첫 번째 국가인 고조선도 청동기 문화를 바탕으로 세워졌어요. 고조선 건국 이야기에도 이런 과정이 반영된 거죠.

환웅이 비와 바람, 구름을 다스리는 신하들을 데리고 하늘에서 내려왔다는 내용을 통해서도 당시 고조선 사회의 모습을 짐작할 수 있어요.

곡식이 잘 자라려면 알맞은 비와 바람이 중요해요. 비가 내리려면 구름이 있어야 하고요. 그러니 농사에 꼭 필요한 비와 바람, 구름을 다스리는 신하를 데려왔다는 건 고조선 사람들이 농사를 중요하게 생각했다는 것을 의미해요.

또 고조선을 세운 사람이 단군왕검이라고 했죠? '단군'은 종교 지도자인 제사장을, '왕검'은 정치 지도자를 뜻해요. 한 명의 지도자가 종교와 정치 모두를 다스렸기 때문에 단군왕검이라고 불렸던 거예요. 이를 통해 고조선 사회에서는 가장 높은 사람이 종교와 정치를 주도했다는 것을 알 수 있습니다. 이걸 네 글자로 '제정일치' 사회라고 해요.

이렇게 고조선 건국 이야기는 그 시대의 모습을 알 수 있는 역사적 단서를 많이 담고 있어요. 우리가 역사

이야기를 읽으며 상상력을 발휘한다면 이야기 속에 담긴 사실들을 하나하나 찾을 수 있을 거예요.

아, 그리고 여기서 특히 강조하고 싶은 건 고조선이 '홍익인간'의 마음으로 세워졌다는 점이에요.

홍익인간은 얼굴이 빨간 사람인가요?

얼굴이 빨간 사람을 농담처럼 홍당무나 홍익인간이라고 부르는 경우가 있죠? 사실 홍익인간은 정말 멋진 뜻을 가진 단어예요. '널리 인간을 이롭게 한다'라는 의미를 담고 있거든요. 고조선은 처음부터 누군가를 돕겠다는 간절한 소망으로 시작된 나라였던 거죠. 그냥 나만 잘 먹고 잘살면 된다는 이기적인 마음이 아니라요.

너무 멋지지 않나요? 누군가에게 도움을 주기 위해서 나라를 세웠다니! 이런 멋진 마음을 우리는 단군 신화를 통해 확인할 수 있어요. 우리나라 사람들은 이미 수천 년 전부터 주변을 돕고 다른 사람들과 함께하는 것이 얼마나 소중한 일인지 알았던 거죠.

고조선을 다스리던 사람들은 건국 이야기를 통해 나라를 세운 단군이 얼마나 특별한 사람인지 알릴 뿐만 아니라 그 후손들도 그만큼 특별하다고 설명했어요. 그리고 우리 역사는 홍익인간의 정신으로 시작되었으니 모두 그런 마음을 먹어야 한다고 강조했지요.

이렇듯 신화는 사람들의 마음을 모으는 힘이 있어요. 옛날 사람들이 신화를 지은 이유도 여기에 있습니다.

신화가 사람들을 이어 준다고요?

누구나 한 번쯤은 다른 사람의 간섭을 받지 않고 편하게 살면 좋겠다는 생각을 해 봤을 거예요. 여러분도 부모님이나 선생님의 잔소리가 없고, 내가 재미있게 할 수 있는 것들만 하며 지내면 즐거울 것 같지 않나요? 하지만 그러다가도 막상 혼자가 되면 누군가와 함께 있고 싶은 마음이 들곤 해요.

때로는 갑자기 나와 누군가가 연결되는 듯한 기분을 느끼는 순간도 있습니다. 올림픽이나 월드컵 경기를 볼 때면 나도 모르는 사이 자연스럽게 대한민국 팀을 응원하게 되지요. 그리고 한마음으로 응원하다 보면 스포츠를 통해 우리나라 전체가 하나로 연결된 것 같은 느낌을 받게 돼요. 분명 평소에는 나와 전혀 상관없는 사람들인데 같은 마음을 먹게 되는 거죠. 스포츠가 우리를 하나로 만든 거예요.

신화도 지금의 올림픽과 비슷한 역할을 했어요. 그러고 보면 고조선뿐 아니라 대부분의 고대 국가는 나라를 세운 시조가 주인공으로 등장하는 건국 이야기를 갖고 있어요. 시조란 한 나라의 맨 처음이 되는 조상을 말해요. 고구려의 시조 주몽은 신의 아들로 알에서 태어났다거나 하는 식이지요.

특히 고조선 건국 이야기는 우리나라에 세워진 첫 나라에 관한 이야기라서 오랜 시간 동안 우리 민족을 하나로 잇는 역할을 했습니다.

특히 우리나라가 다른 나라의 침략을 받아 어려움에 빠졌을 때 고조선 건국 이야기는 우리 민족에게 힘을 주었어요.

고려가 몽골이 세운 원의 간섭을 받던 때에도 단군과 고조선은 민족의 뿌리를 잃지 않도록 도왔어요. 일제 강점기에는 아예 단군을 모시는 대종교라는 종교가 만들어져서 독립운동을 이끌었지요.

우리가 기억하는 독립군 최대의 승리인 청산리 전투의 뒤편에도 독립군을 적극적으로 지원했던 대종교가 있었습니다. 단군이 우리나라 사람을 하나로 모으는 구심점이 되었던 거죠.

고조선 건국 이야기는 지금도 우리를 하나로 모아 줍니다. 우리가 좋아하는 공휴일 중에서도 개천절이 있잖아요.

개천절은 '하늘이 열린 날'이라는 뜻인데, 단군이 고조선을 세운 것을 기념하는 날이에요. 현대 사회에도 홍익인간의 정신이 필요하니까요.

역사는 올바른 목적을 함께 꿈꾸도록 한다

이렇게 우리 역사는 서로 돕고 나누라는 홍익인간의 정신으로 시작되어 이어져 왔습니다. 만약 고조선을 세운 단군이 그냥 '나만 잘 먹고 잘살면 되겠지?' 하는 마음을 먹었다면 고조선의 역사도, 지금까지 거의 오천 년을 이어 온 우리나라의 역사도 자기 자신만의 이익을 따르는 이기적인 방향으로 흘러갔을지도 몰라요.

하지만 홍익인간의 정신으로 시작된 우리 역사가 잊히지 않고 이어져 내려왔기 때문에 일제 강점기에도 우리 민족의 뿌리를 지키며 청산리 전투 같은 빛나는 결과를 얻을 수 있었던 거예요.

　여러분이 역사를 배우는 이유도 옛날 사람들의 마음을 배우는 데 있어요. 단지 좋은 점수를 받기 위해 공부하면 기억에 남는 것도 없고 지루하기만 하잖아요.

　고조선 건국 이야기도 그냥 옛날이야기라고 생각한다면 쓸데없는 이상한 소리처럼 들릴 거예요. 그렇지만 우리가 고조선 건국 이야기에 담긴 의미를 차근차근 새기면서 신화를 만든 사람들의 마음을 알아 간다면 훨씬 재미있게 역사를 공부할 수 있습니다.

　누군가 말했듯이 혼자만 잘살면 무슨 재미겠어요. 서로 함께할 때 우리가 바라는 행복한 삶에 더 가까이 다가갈 수 있답니다.

고구려는 광개토 태왕이
다 한 것 아닌가요?

선택의 힘

　단군이 나라를 세운 뒤 오랫동안 이어지던 고조선은 중국에 있던 통일 왕조 한의 공격으로 멸망합니다. 한은 고조선의 옛 땅을 자신들이 직접 다스리려 했어요. 하지만 고조선 사람들은 여기에 맞서 싸우거나 아예 다른 곳으로 옮겨 갔지요. 그래서 고조선 땅에 남아 있던 중국 세력은 점차 사라지게 됩니다.

　고조선에서는 한과 싸우기 전부터 철기 문화가 본격적으로 발전하고 있었어요. 고조선이 멸망한 이후 고조선 사람들은 주변 지역에 철기 문화를 전파했어요. 이를 바탕으로 한반도와 만주 지역에는 고조선의 뒤를 잇는 여러 나라가 생겨나기 시작합니다. 그중 하나가 주몽이 세운 고구려예요.

고구려는 삼국 중 가장 먼저 고대 국가의 기틀을 다집니다. 고대 국가는 왕권이 이전보다 강한 나라예요. 고대 국가로 발전하기 전에는 왕의 권력이 약했어요. 여러 부족이 힘을 합쳐 나라를 세웠기 때문에 가장 힘이 센 부족의 우두머리인 군장이 왕이 되었고, 다른 군장들은 각자 자신의 부족을 다스렸어요. 나라에 자연재해가 일어나거나 농사가 잘되지 않으면 군장들이 왕을 쫓아내기까지 했죠.

고구려는 중국과 맞닿아 있다 보니 중국의 앞선 문화와 제도를 받아들이기 좋았어요. 그래서 삼국 중 가장 먼저 왕권을 강화하고 고대 국가로 발전합니다.

하지만 좋은 일이 있으면 나쁜 일도 있겠죠? 중국과 맞닿아 있었던 고구려는 늘 중국과 크고 작은 갈등을 빚을 수밖에 없었어요. 고구려의 11대 왕이었던 동천왕 때는 중국의 위가 쳐들어와 왕이 수도를 버리고 피신한 일도 있었어요. 당시 군사 강국이라 자부하던 고구려였지만 외국의 침략으로 나라가 흔들리는 위기를 겪기도 했던 것이죠.

· · ·

　속담 중에 "비 온 뒤에 땅이 굳어진다"라는 말이 있어요. 비가 오면 흙이 젖어서 물렁물렁한 진흙이 되죠? 그렇지만 비가 그치면 흙이 마르면서 오히려 단단하게 굳잖아요. 마찬가지로 사람도 어려움을 겪고 나면 더 강해진다는 뜻에서 이런 속담을 쓰곤 해요. 우리 역사에도 어려움을 이겨내면서 점점 더 강해졌던 나라가 있습니다. 바로 고구려예요.

고구려는 처음부터 싸움을 잘하는 강한 나라 아니었어요?

　우리는 고구려를 늘 힘이 강했던 나라라고만 생각해요. 고구려 하면 갑옷을 입은 무사들이 힘차게 말을 달리며 넓은 영토를 정복해 나가는 모습이 먼저 떠오르죠. 하지만 고구려는 성장하는 과정에서 백제나 신라보다 많은 위기를 겪었어요. 삼국 중 중국과 땅을 직접 맞댄 나라는 고구려밖에 없었거든요. 또 남쪽에는 백제와 신라가 있다 보니 고구려는 계속 전쟁을 치를 수밖에 없었지요.

그래도 매번 전쟁의 위기를 이겨 내고 차근차근 잘 성장하던 고구려는 16대 왕이었던 고국원왕 때 전쟁에서 연이어 패배하면서 심각한 위기를 맞이합니다. 심지어 백제의 공격을 받아 왕이 전사하는 일까지 벌어져요. 우리가 생각하는 고구려의 이미지와는 좀 다르죠?

먼저 서쪽에서 중국의 전연이라는 나라가 쳐들어왔어요. 고국원왕은 용감히 싸웠지만 전쟁에서 패배하게 됩니다. 전연은 고구려의 수도까지 들어와서 왕의 아버지가 묻혀 있는 무덤을 파헤쳐 시신을 가져갔어요. 또 왕의 어머니까지 잡아갔지요.

고국원왕은 천 가지나 되는 보물을 전연에 바치고, 그 뒤로도 눈물겨운 노력을 해서 겨우겨우 아버지의 시신을 돌려받고 어머니를 모셔 올 수 있었어요.

다음으로는 남쪽에서 백제가 쳐들어왔어요. 이때 백제는 근초고왕이 다스리며 전성기를 누리고 있었어요. 전성기의 백제는 정말 강했습니다. 근초고왕이 이끄는 백제군은 고구려의 평양성을 공격했고, 여기에 맞서 싸우던 고국원왕은 화살에 맞아 전사하고 말아요.

고구려 왕이 전쟁 중에 죽은 건 이게 처음이자 마지막이에요. 그 정도로 큰 패배였던 거죠. 고구려 사람들은 정말 큰 충격과 공포를 느낄 수밖에 없었을 거예요.

게임에서는 왕이 죽으면 끝이잖아요. 왕이 죽으며 심각한 위기에 빠진 고구려는 역사에서 사라질 위기에 빠지게 돼요. 이런 위기 속에서 아주 현명한 왕이 등장합니다. 바로 고국원왕의 아들 소수림왕이에요.

여러분이 고국원왕의 아들이라면 어떻게 하시겠어요? 바로 군사를 모아서 아버지를 죽인 원수를 갚고 싶지 않을까요? 마음 같아서는 소수림왕도 당장 백제로 쳐들어가고 싶었을 거예요. 하지만 소수림왕은 고구려의 상황을 누구보다 정확히 알고 있었어요. 당장 힘이 부족한 상황에서 백제를 공격하면 나라가 정말 멸망할 수도 있다고 생각했지요.

그래서 소수림왕은 복수 대신 개혁을 선택합니다. 고구려에 닥친 위기를 극복하기 위해서는 전쟁이 아니라 제도 개혁을 통해 사회를 안정시키는 것이 무엇보다 중요하다고 생각한 거죠.

소수림왕은 어떻게 나라를 강하게 만들었나요?

소수림왕은 중국에서 들어온 불교를 나라의 정식 종교로 받아들입니다. 원래 고구려에서는 다양한 신을 모셨어요. 고구려를 세운 주몽만 봐도 알 수 있지요. 주몽의 아버지인 해모수는 하늘신인 천제의 아들이고, 어머니인 유화는 강의 신 하백의 딸이에요. 또 고구려에는 귀족들이 전통적으로 모시는 신들도 따로 있었어요.

하지만 나라의 위기를 극복하기 위해서는 하나로 똘똘 뭉쳐야 하잖아요. 소수림왕은 불교를 통해 사람들의 마음을 하나로 모으겠다는 계획을 세웠어요. 서로 다른 신을 믿는 것보다는 하나의 종교를 갖는 것이 사람들의 마음을 하나로 모으는 데 도움이 되니까요. 여기에서 더 나아가 소수림왕은 '왕은 곧 부처'라고 내세우면서 왕권을 훨씬 강화할 수 있었습니다.

그다음에는 수도에 태학이라는 학교를 세웠어요. 태학은 유학을 가르치는 일종의 대학교예요. 유학에서는 나라에 충성하는 것을 중요하게 생각하거든요. 소수림왕은 태학을 세워서 나라를 위해 일할 인재를 직접 길러 내려 했던 것이죠.

마지막으로는 율령을 반포해요. 율령이라는 말이 좀 어렵죠? 쉽게 말하면 나라를 다스리는 규칙과 법을 만들었다는 뜻이에요. 법을 통해 나라의 질서를 세운 것이죠. 이렇듯 소수림왕은 불교를 받아들이고, 태학을 세우고, 율령을 반포하는 등 다양한 개혁을 통해 혼란스러웠

던 고구려를 안정시킵니다.

　소수림왕의 개혁은 금방 효과를 발휘합니다. 소수림왕이 다스리는 동안 고구려는 몇 차례에 걸쳐 백제를 공격해요. 나라의 혼란이 이어졌다면 절대 그러지 못했겠죠.

　만약에 소수림왕이 아버지 고국원왕을 잃은 슬픔에 빠져 앞뒤 생각 없이 바로 백제를 공격했다면 고구려는 어떻게 되었을까요? 아마 회복할 수 없을 정도의 타격을 입었을지도 몰라요.

　소수림왕은 아버지를 잃은 상황에서도 어떤 것이 나라를 위해 더 옳은 일인가를 생각했어요. 제도 개혁으로 나라를 안정시킨 소수림왕은 고구려의 위기를 지혜롭게 극복하고 강력한 고구려를 만들어 낼 수 있었어요.

　위기는 또 다른 기회라고도 하잖아요. 위기를 잘 넘기면 새로운 기회가 찾아오곤 하지요. 고구려도 마찬가지예요. 위기를 성공적으로 벗어난 고구려는 곧 전성기를 맞이해요.

　소수림왕의 조카가 그 유명한 광개토 태왕입니다. 광

개토 대왕 아니냐고요? 물론 교과서에서는 광개토 대왕이라고 나와 있어요. 그렇지만 이 책에서는 '클 태' 자를 써서 광개토 태왕이라고 부르려고 해요. 태왕은 실제로 당시 고구려 사람들이 불렀던 호칭이기도 합니다. 크고 위대한 왕이라는 뜻이지요.

광개토 태왕은 얼마나 위대한 왕이었나요?

광개토 태왕은 땅을 크게 넓혀서 고구려의 전성기를 연 왕입니다. 광개토 태왕은 백제를 공격해 한강 북쪽 지역을 빼앗고, 거란과 후연을 공격해 만주와 요동 지역 대부분을 차지합니다. 이게 다가 아니에요. 숙신, 동부여를 공격해 항복을 받아내기도 했죠.

'광개토'라는 말도 넓은 땅을 개척했다는 뜻이에요. 광개토 태왕은 나라의 힘에 대한 자신감으로 영원히 평안

함을 누린다는 뜻인 '영락'이라는 독자적인 연호를 사용하기도 했어요.

고구려의 수도가 있던 중국 지린성에 가면 광개토 태왕릉비가 우뚝 서 있어요. 광개토 태왕의 아들인 장수왕이 아버지의 업적을 기념하기 위해 세운 비석이죠. 비석에는 광개토 태왕의 업적이 빼곡하게 적혀 있습니다.

비석을 실제로 보면 광개토 태왕이 얼마나 대단한 왕이었는지 느껴져요. 높이가 6미터가 넘고, 무게는 37톤이나 되는 큰 비석이거든요. 그만큼 새길 내용이 많았다는 이야기겠죠?

비석에는 당시 고구려가 얼마나 강했는지를 알려 주는 역사 속 사건들이 많이 나와요. 그중 왜가 신라를 공격한 사건도 들어 있습니다. 이때 왜의 기세가 얼마나 대단했는지 신라도 망하기 직전까지 몰렸어요.

신라 왕은 광개토 태왕에게 급히 도움을 요청합니다. 고구려와 신라는 친선 관계를 맺고 있었어요. 그러니 광개토 태왕이 신라의 도움 요청을 모르는 척할 리 없었겠죠? 고구려의 기병을 구름처럼 내려 보냅니다.

왜는 고구려의 상대가 되지 않았어요. 고구려군은 왜를 몰아내고 도망치는 왜군을 쫓아 금관가야까지 내려갑니다. 그런데 고구려가 얼마나 강했던지 고구려 기병한테 덩달아 피해를 받은 금관가야도 그 뒤로 힘을 잃게 돼요. 고구려가 한 번 내려왔을 뿐인데 한반도에 있던 나라들이 모두 영향을 받은 거예요. 그만큼 광개토 태왕이 이끄는 고구려는 강했습니다.

광개토 태왕은 고국원왕을 죽인 백제도 여러 번 공격해요. 당연히 백제와의 전쟁에서도 계속 이겼어요. 백제왕의 항복을 받아내기도 합니다. 하지만 백제는 고구려의 왕을 죽인 나라잖아요. 고구려는 백제의 항복을 받아내는 것만으로는 만족할 수 없었어요.

그래서 광개토 태왕의 뒤를 이은 장수왕은 나라를 더욱 강하게 만듭니다. 수도도 남쪽인 평양으로 옮겨요. 남쪽으로 진출하겠다는 강한 의지였죠.

전쟁 준비를 모두 마친 장수왕은 백제를 공격합니다.

475년 장수왕은 백제의 수도 한성을 점령하고 한강 유역을 차지해요. 그 과정에서 백제의 개로왕을 사로잡아 죽입니다. 고국원왕이 백제와 싸우다 전사했던 해가 371년이니까 거의 백 년 만에 원수를 갚은 거예요.

광개토 태왕과 장수왕이 다스리던 시기를 보통 고구려의 전성기라고 합니다. 그래서 광개토 태왕, 장수왕은 정말 유명하죠. 고구려의 전성기를 이끌었던 왕들이니 인기도 많고요.

하지만 광개토 태왕과 장수왕만 기억하면 안 돼요. 개혁으로 고구려를 변화시켰던 소수림왕의 노력이 없었다면 고구려는 훨씬 늦게 전성기를 맞았을지도 모르니까요.

소수림왕은 닥쳐온 위기 앞에서 무릎 꿇지 않았어요. 그리고 자신이 다스리는 고구려를 정확히 파악한 뒤 올바른 선택을 내렸지요. 소수림왕의 지혜로운 선택이 위기에 빠진 고구려를 구하고 전성기로 가는 발판을 마련한 것이라고 할 수 있어요.

역사는 우리를 올바른 선택으로
이끌어 준다

우리는 매일매일 크고 작은 선택을 하면서 살아가요. 그중에는 무엇을 먹을지, 어떤 옷을 입을지 같은 작은 선택도 있을 거예요. 그런데 작은 선택을 할 때조차 스스로를 잘 알아야 좋은 결과를 가져올 수 있어요. 선택하기 전에 내가 지금 무엇을 먹고 싶은지, 어떤 옷이 나에게 어울리는지 구체적으로 알아야 하지 않겠어요?

더욱이 다른 사람에게도 영향을 줄 수 있는 중요한 선택 앞에서는 나뿐 아니라 다른 사람이 어떤 상황에 놓였는지 파악하고 올바른 선택을 내리는 것이 더욱 중요합니다.

소수림왕은 고구려에 필요한 것이 '변화'라고 생각했어요. 지금은 위기에 빠져 있지만 앞으로 더 강한 나라가 되려면 새로운 종교와 교육, 규칙이 필요하다고 판단한 것이죠. 그리고 소수림왕이 선택한 변화는 실제로 고구려를 전성기로 이끌었습니다.

소수림왕 말고도 역사 속에는 정말 많은 사람이 등장해요. 우리는 그 사람들의 선택과 행동을 바라보면서 이야기를 나눌 수 있어요.

그렇게 역사 속 인물들과 깊은 대화를 나누다 보면 어떻게 올바른 선택을 내릴 수 있는지 점점 알게 될 거예요. 선택의 순간마다 역사 속 인물들을 떠올려 보세요. 분명히 그 안에서 답을 찾을 수 있을 테니까요.

순수비는 순수하게 돌만 서 있어서 순수비인가요?

때로는 냉정한 선택이 필요하다

《삼국사기》에 따르면 신라는 기원전 57년 박혁거세에 의하여 세워집니다. 그런데 사실 신라라는 나라 이름은 오백 년이 지난 뒤 지증왕 때 처음으로 생겨요. 무슨 말이냐고요? 그전까지 신라는 사로국, 서라벌 등 여러 이름으로 불렸거든요. 하나로 정해진 이름이 없었지요.

신라에는 '왕'도 없었어요. 임금을 왕이라고 부르기 시작한 것도 지증왕 때부터예요. 신라 초기에는 박씨, 석씨, 김씨가 돌아가면서 '이사금'의 자리를 차지했어요. 이사금은 신라 초기에 임금을 부르던 말이에요. 이가 많은 사람이라는 뜻으로 연장자, 지혜가 많은 사람을 의미하죠. 이처럼 신라는 왕이라는 호칭을 사용하지 않고 거서간, 차차웅, 이사금, 마립간처럼 신라만의 특별한 호칭을 사용했어요.

고구려가 2세기, 백제가 3세기에 고대 국가로 성장한 반면 신라는 그보다 늦은 4세기가 되어서야 고대 국가로 발돋움합니다. 신라 사람이 듣는다면 좀 서운해할지도 모르겠지만 신라는 삼국 중 최약체였죠. 하지만 시작이 약간 늦었다고 해서 계속 꼴찌에 머물러 있는 것은 아니에요. 백제와 고구려의 전성기가 지나간 후 신라도 전성기를 맞아 날아오르게 돼요. 바로 순수비를 세운 진흥왕 때입니다.

…

물론 순수비는 특별한 장식 없이 돌로만 만들어졌지만 순수비가 그런 의미로 순수한 비석은 아니에요. '순수'는 왕이 나라 안을 직접 살피며 돌아보는 것을 뜻해요. 순수비는 왕이 직접 돌아본 곳에 세운 비석이라는 뜻이고요. 그러니 순수비를 세운 사람이 순수했다고 생각해서는 안 되겠죠?

　우리나라에서 발견된 순수비는 모두 신라의 전성기를 이끈 진흥왕이 세운 거예요. 진흥왕은 왕이 된 뒤 여러 장소를 직접 돌아다니며 비석을 세웠습니다.

　진흥왕 덕분에 우리는 비석이 세워진 위치가 확실히 신라 땅이었다는 사실을 알 수 있어요. 물론 진흥왕은 그냥 여행을 다닌 것이 아니에요. 자신이 정복한 영토를 직접 둘러보면서 순수비를 세운 거지요.

　진흥왕 순수비는 경상남도부터 경기도, 심지어 지금의 북한에 있는 함경도에도 세워졌습니다. 이렇게 곳곳에 비석이 세워졌다는 것은 진흥왕이 그만큼 땅을 많이 정복했다는 뜻이에요.

　그전까지 신라는 삼국 중 가장 발전이 늦던 작은 나라에 불과했어요. 진흥왕이 왕이 된 후에야 신라는 지금의 경상도, 강원도, 경기도, 함경도 일부를 아우르는 넓은 영토를 확보하게 되었죠. 고구려에 광개토 태왕이 있다면 신라에는 진흥왕이 있는 셈이에요.

왜 신라는 삼국 중 발전이 가장 늦었나요?

발전이 늦었던 이유를 설명하려면 먼저 신라의 위치를 살펴보아야 합니다. 신라는 한반도 남동쪽에 자리하고 있어 중국의 선진 문물을 받아들이기 어려웠어요. 지금은 한반도 남동쪽 끝에 있는 부산이 우리나라에서 두 번째로 크고 외국인들도 많이 찾는 도시가 되었지만 그때는 좀 더 앞선 문화를 받아들이려면 중국과 직접 교류할 수 있는 지역이 유리했거든요.

한강을 통해 중국과 직접 교류할 수 있는 백제, 애초에 중국과 국경을 맞대고 있는 고구려와 달리 신라는 중국의 문화를 받아들일 방법이 적었습니다.

그래도 신라는 착실하게 힘을 키워서 진흥왕 바로 이전 왕인 지증왕, 법흥왕 때 눈에 띄게 발전합니다. 지증왕은 장군 이사부를 보내 우산국을 정복하고 울릉도, 독도를 신라 땅으로 만들어요. 유명한 노래에 나오는 "신라 장군 이사부 지하에서 웃는다. 독도는 우리 땅"이라는 가사가 바로 지증왕 때 있었던 일을 말하는 거예요.

지증왕의 뒤를 이은 법흥왕은 고구려 소수림왕이 그랬던 것처럼 나라의 법과 규칙인 율령을 반포합니다. 그리고 법흥왕 때 불교가 나라의 정식 종교로 인정되지요. 법흥왕의 '법'은 부처님의 말씀을 뜻하는 거예요.

사실 신라에 불교가 들어온 것은 법흥왕이 불교를 정식 종교로 인정하기 백 년 전이에요. 당시 신라는 귀족들의 힘이 강했어요. 귀족들은 새로운 종교인 불교를 받아들이려 하지 않았죠. 그래서 오랜 시간이 지나 이차돈의 순교라는 극적인 사건이 일어난 뒤에야 불교는 정식 종교로 인정받을 수 있었습니다.

앞서 소수림왕을 이야기하면서 설명한 적이 있죠? 불교는 사람들의 생각을 하나로 모으고 왕권을 강화하는 역할을 한다고요. 그래서 법흥왕도 불교를 나라의 정식 종교로 인정하려 한 것이죠.

그 외에도 법흥왕은 군사력을 강화하고 이웃 나라인

금관가야를 정복하는 등 뚜렷한 업적을 세워요. 이처럼 신라는 출발은 늦었지만 차근차근 나라의 힘을 키워 나갑니다. 이렇게 앞선 왕의 업적들이 밑거름이 되어 비로소 진흥왕의 시대가 열리게 된 것이죠.

진흥왕이 드넓은 땅을 정복하며 세운 순수비 중에는 북한산 순수비가 있어요. 북한산 순수비는 진흥왕이 한강 유역을 차지한 뒤 세운 거예요.

진흥왕의 가장 큰 업적이 바로 이 비석에 담겨 있습니다. 한강 유역을 차지하면서 중국과 직접 교류할 수 있는 길을 드디어 확보한 것이죠.

원래 한강은 누구 땅이었는데요?

역사 속에서 백제와 고구려는 한강을 둘러싸고 꾸준히 싸움을 벌였어요. 처음에는 백제가 한강 유역에 나라를 세웠는데 광개토 태왕의 아들인 장수왕이 백제를 공격해 이 지역을 빼앗습니다. 당연히 백제는 고구려에게서 한강을 되찾으려 했겠죠? 하지만 고구려가 너무 강해서 어떻게 할 수가 없었어요.

　백제는 일단 고구려를 막아 내고 어떻게든 힘을 기르기 위해 신라와 동맹을 맺습니다. 신라도 고구려에 짓눌려 숨도 못 쉬던 상황이다 보니 백제와 동맹을 맺는 것이 절대 손해는 아니었어요.

　두 나라는 거의 백 년 동안 아주 친하게 지내요. 왕실끼리 서로 결혼도 하고, 둘 중 한 나라가 고구려의 공격을 받으면 재빨리 가서 도와주기도 했지요.

　그러다가 진흥왕 때 신라와 백제는 힘을 합쳐 고구려를 공격해요. 군사 강국인 고구려도 두 나라가 힘을 합쳐 공격하니 밀려날 수밖에 없었지요. 고구려는 이때 한강을 잃고 북쪽으로 밀려나게 됩니다.

　고구려를 몰아낸 백제와 신라는 정복한 땅을 나누어 갖습니다. 이렇게 백제는 한강 하류 지역을 되찾게 되었어요.

하지만 진흥왕은 백제와 손잡고 고구려를 공격할 때부터 조용히 큰 그림을 그리고 있었습니다. 지금까지는 백제와 동맹을 맺고 서로 도우며 지내 왔지만 신라가 더 발전하려면 한강이 꼭 필요했거든요. 진흥왕은 백제와 친하게 지내면서 고구려를 막아 내는 것보다 백제를 공격해서 중국과 직접 교류할 수 있는 한강을 차지하는 것이 더 이득이라고 생각했어요.

진흥왕은 백제가 방심한 틈을 타 백제가 되찾았던 한강 하류 지역을 공격해 빼앗습니다. 백제는 설마 백 년 넘게 동맹 관계였던 신라가 자신들을 공격할 수 있다고는 꿈에도 생각하지 못했을 거예요.

신라는 백제가 갖고 있던 한강을 빼앗은 뒤 이곳에 당항성이라는 산성을 세우고 중국과 직접 교류하기 시작합니다. 신라의 본격적인 전성기는 이때부터예요. 신라는 한강을 얻으면서 더욱 힘을 길러 한반도의 주도권을 장악하게 됩니다.

친하게 지내던 나라를 배신하다니,
진흥왕은 나쁜 사람 아닌가요?

약속을 지키는 건 당연히 중요한 일이에요. 특히 친하게 지내던 사람과 맺은 약속을 지키지 않거나 친한 관계를 이용해 상대에게 나쁜 짓을 하면 그걸 '배신'이라고 부르지요. 그렇게 보면 진흥왕은 좋은 친구가 아닐 수도 있어요. 이득을 보기 위해 백 년 넘게 친하게 지내던 백제를 배신하고 한강을 빼앗았으니까요.

그렇지만 나라와 나라 사이의 약속은 우리가 흔히 맺는 약속과는 다릅니다. 진흥왕처럼 나라를 이끄는 지도자가 내리는 결정은 그 나라에 살고 있는 수많은 사람들의 삶과 연결되어 있어요. 그렇기에 나라의 지도자는 개인적인 의리보다는 나라 전체에 이익이 되는 선택을 내려야 하죠.

반대로 약 천 년 후 조선 시대에는 배신하지 않고 의리를 지키다가 수많은 백성을 죽음으로 이끈 사례가 나와요. 바로 '병자호란'입니다.

　병자호란이 일어나기 전 조선은 중국에 있는 명이라는 나라와 친하게 지냈어요. 그런데 시간이 지나면서 중국에서 점점 명의 힘은 약해지고, 새로운 나라인 청이 강해졌어요. 조선은 옛날부터 가까이 지내던 명과 계속 교류할지, 명을 포기하고 새롭게 떠오르는 강자인 청과 교류할지 선택해야 했습니다.

　이때 조선은 도덕 교과서에 나올 것 같은 선택을 합니다. '우리가 조금 힘들어지더라도 명을 배신할 수는 없어!' 했던 거죠. 결과는 어땠을까요? 머리끝까지 화가 난 청이 군대를 이끌고 조선을 공격했어요.

　싸움으로는 청의 상대가 되지 않았던 조선은 무조건 항복할 수밖에 없었습니다. 그리고 항복하면서 수만 명의 조선 백성이 청으로 끌려갔어요. 조선의 착해 보이는 선택이 조선에 사는 백성들을 어렵게 만든 거예요.

　병자호란은 정말 안타까운 사건이에요. 명과 친했던 과거를 너무 중요하게 생각한 나머지 백성을 지켜 내지 못할 선택을 내려서 많은 사람이 힘들어졌으니까요.

외교에는 영원한 적도 친구도 없습니다. 나라와 나라가 동맹을 맺고 무언가 약속을 하는 이유는 다른 나라를 생각하는 의리나 따뜻한 마음 때문이 아니에요. 다 우리나라의 평화를 위해서, 우리나라 사람들이 잘살기 위해서인 거죠.

외교에는 영원한 친구도 적도 없다

역사를 보다 보면 안타까운 장면이 참 많이 등장해요. 동맹이었던 백제와 신라의 관계가 이렇게 배신으로 끝나는 것도 정말 안타깝습니다.

하지만 이런 마음이 드는 건 우리가 백제를 불쌍하게 생각해서인지도 몰라요. 사실 배신을 당한 백제 입장에서 진흥왕은 의리 없고 뻔뻔한 사람이지만, 신라 사람들에게는 나라를 전성기로 이끈 위대한 왕이니까요.

진흥왕의 냉정하지만 과감한 선택은 신라를 전성기로 이끌고 가장 늦게 발전한 신라가 삼국 통일의 주인공까지 될 기회를 만들어 줍니다. 진흥왕이 결정적인 순간에 내린 한 번의 중요한 선택이 삼국 시대의 운명을 뒤바꾼 거예요.

이렇게 역사는 때로는 냉정하고 과감한 선택이 필요하다는 것을 알려 줍니다. 언뜻 보기에 착하고 도덕적인 선택이라도 결과적으로 다른 누군가를 힘들게 하는 선택일지 몰라요. 반대로 냉정한 선택이 주변에 좋은 결과를 가져올 수도 있지요.

이렇게 생각하면 선택을 내린다는 것이 참 단순하지 않죠? 하지만 진흥왕이 과감한 선택을 통해 신라를 우뚝 일으켰듯이 여러분도 깊이 고민하고 때로는 과감한 선택을 내릴 수 있으면 좋겠습니다.

백제는 왜 이렇게 존재감이 없나요?

힘으로 결정되지 않는 가치

우리는 백제가 한반도 남서쪽인 충청도와 전라도 지역에 있었던 나라라고 생각하곤 해요. 그래서 백제의 문화유산을 보려면 충청도에 있는 공주나 부여로 떠나야 한다고 생각하죠. 하지만 서울에서도 풍납 토성과 몽촌 토성, 석촌동 고분군과 같은 백제 유적을 많이 만날 수 있어요. 칠백 년을 이어져 온 백제는 약 오백 년 동안 지금의 서울 지역에 자리 잡고 있었거든요.

백제를 건국한 온조는 '하남 위례성'을 수도로 정했다고 합니다. 지금은 이곳이 서울에 있는 풍납 토성이라고 추측하고 있어요.

풍납 토성은 무척 큰 성이에요. 남아 있는 성벽 길이만 해도 2.1킬로미터나 되거든요. 무너진 서쪽 성벽을 포함하면 전체 길이는 약 3.5킬로미터 정도였을 거라고 추측해요. 성벽 높이도 10미터가 넘고요.

풍납 토성은 약 천육백 년 전에 지어졌는데도 상당 부분이 남아 있습니다. 돌이 아니라 흙으로 쌓아 올린 토성인데도 말이에요. 또 풍납 토성에서는 상하수도 시설로 보이는 토관도 발견되었어요. 우리는 풍납 토성을 보며 백제의 문화 수준과 건축 기술이 상당히 뛰어났다는 것을 알 수 있어요.

그리고 마찬가지로 서울에 있는 석촌동 고분군에 가면 당시 백제 사람들이 지은 무덤을 만나 볼 수 있습니다. 특히 석촌동 고분군 3호분은 백제의 전성기를 이끈 근초고왕의 무덤으로 추측하고 있어요. 무덤의 크기도 엄청나요. 무덤을 한 바퀴 돌면 200미터 정도고, 지금은 완전히 남아 있지 않지만 높이도 원래 6미터 정도였을 거예요.

이 정도면 중국에 있는 고구려 왕들의 무덤과 비교해도 뒤지지 않는 크기예요. 풍납 토성이나 석촌동 고분군은 당시 백제 왕의 힘이 얼마나 대단했는지를 잘 보여 주는 유적입니다.

이처럼 4세기 백제는 한반도뿐만 아니라 중국의 요서 지역과 일본까지 영향을 미치며 동아시아를 주름잡았어요. 하지만 고구려 장수왕의 공격으로 백제의 수도가 함락되며 그 찬란한 역사마저 묻히게 되었죠.

...

여러분은 삼국 중 가장 강한 나라 하면 어느 나라가 먼저 떠오르나요? 역시 광개토 태왕이 있었던 고구려인가요? 아니면 결국 최후에 삼국 통일을 이룬 신라일까요? 각자 답이 다를 수는 있겠지만 백제를 떠올리는 친구는 별로 없을 거예요. 하지만 각 나라가 가장 강했을 때를 놓고 비교해 보면 백제의 힘도 결코 무시할 수 없었어요. 군사 강국이었던 고구려를 숨 쉴 틈 없이 몰아붙일 때도 있었지요.

백제도 강할 때가 있었다고요?

그럼요. 백제는 앞서 설명한 고구려나 신라보다도 먼저 전성기를 맞이했어요. 백제는 여러모로 발전하기에 유리한 조건을 갖추고 있었거든요.

백제는 처음 한강 유역에 자리 잡습니다. 지금은 아파트가 잔뜩 늘어선 도시가 되어 버려서 상상하기 어렵지만 한강 유역은 옛날부터 땅이 기름져서 농사가 잘되던 곳이었어요.

한강 유역의 또 다른 장점은 교통이 정말 편리하다는 점이에요. 일단 한반도의 중앙에 자리 잡고 있으니 어디로든 뻗어 나가기 좋고, 강을 따라 바다로 나가서 외국과 교류하기도 좋았거든요. 특히 중국이 바로 바다 건너에 있어 선진 문물을 받아들이기 편했지요.

백제는 이런 지리적인 이점을 바탕으로 빠르게 발전해 나갑니다. 백제는 변화를 두려워하는 나라가 아니었어요. 그래서 근초고왕이 왕위에 오르는 4세기가 되면 백제보다 먼저 고대 국가로 성장했던 고구려를 제치고 더 빠르게 전성기를 맞이하게 돼요.

근초고왕은 먼저 남쪽으로 내려가 지금의 전라도 지역까지 영토를 넓힌 뒤 군사 강국 고구려로 쳐들어갑니다. 이때 고구려 왕은 광개토 태왕의 할아버지인 고국원왕이었어요.

근초고왕이 이끄는 백제군은 고구려군을 상대로 크게 승리합니다. 그리고 이 전투에서 고국원왕을 전사시켜요. 전성기의 백제는 그만큼 강력한 군사력을 가지고 있었던 나라였어요.

그리고 이 시기의 백제는 단순히 군사력만 강한 나라가 아니었어요. 주변 국가와 활발히 교류하며 문화를 발전시켜 나갔죠.

백제의 발달한 문화와 기술을 보여주는 문화유산이 하나 있습니다. 바로 칠지도예요. 칠지도는 근초고왕 때 만들어진 것으로 보여요. 백제가 일본에 선물로 준 일곱 개의 가지가 달린 칼인데 실제로 보면 정말 멋지게 생겼

어요. 이 칼에는 다음과 같은 내용의 글이 황금으로 새겨져 있습니다.

"백 번이나 단련한 강철로 칠지도를 만들었다. 이 칼은 온갖 적을 물리칠 수 있다. … 여태 이런 칼이 없었으나 왜(일본)의 왕을 위해 특별히 만들었으니 후세에 전하라."

백제는 이 내용을 칼에 새기고 글씨마다 금을 메워 놓았어요. 칼을 이렇게 특별한 모양으로 만들기도 어렵지만 강철에 글씨를 새기고 금을 채워 넣는 건 정말 놀라운 기술이에요.

마치 영화 〈아이언 맨〉에서 주인공이 하늘을 날고 총알을 막아 내는 슈트를 만드는 것처럼, 그때 일본에서는 따라 하기조차 힘든 첨단 기술을 백제가 가지고 있었던 거죠. 공부도 잘하는데 운동도, 미술도 빼놓지 않고 잘하는 친구. 근초고왕 때의 백제는 그런 이미지였다고 생각하면 편할 거예요.

그렇게 강했던 백제가 왜 약해졌나요?

정확히 말하면 백제가 약해졌다기보다 고구려와 신라가 강해졌다고 할 수 있어요. 삼국은 한반도의 주도권을 차지하기 위해서 끊임없이 경쟁했으니까요.

한강 유역에 나라를 세운 백제가 가장 먼저 전성기를 맞이했지만 얼마 지나지 않아 나라의 힘을 기른 고구려에 한반도의 주도권을 내어 줄 수밖에 없었습니다. 곧 광개토 태왕이 이끄는 고구려군의 말발굽이 백제를 노리기 시작했거든요.

광개토 태왕은 백제를 여러 번 공격해서 항복을 받아 냈어요. 하지만 백제는 근초고왕 때 고구려에 쳐들어가 왕을 죽인 적이 있잖아요. 고대 사회에서는 당한 건 꼭 제대로 갚아 줘야 하거든요.

고구려는 계속 복수의 기회만 노리고 있었어요. 그리고 광개토 태왕의 아들인 장수왕이 고구려의 원수를 갚습니다. 장수왕은 백제의 왕이었던 개로왕을 붙잡아 죽이고 한강 유역까지 빼앗아요.

고구려에서 고국원왕이 죽었을 때 위기에 빠졌던 것처럼 당시에는 왕을 죽이면 보통 게임 끝이에요. 나라가 완전히 사라지는 경우도 정말 많고요.

전성기가 지나자마자 멸망 위기에 놓인 백제. 그래도 백제는 쉽게 무너지지 않습니다. 한강 유역을 잃고 밀려나서 웅진(지금의 충청남도 공주시)에 자리를 잡으면서도 다시 나라를 일으키기 위해 노력하죠. 백제는 이웃 나라인 신라와 동맹을 맺고 같이 고구려를 견제해요. 그러면서 천천히 힘을 기릅니다.

그리고 약 육십 년이 지나 성왕 때가 되면 웅진에서 벗어나 땅이 넓고 교통이 편리한 사비(지금의 충청남도 부여시)로 수도를 옮깁니다.

성왕은 나라 이름도 남부여로 바꿔요. "백제는 부여를 계승한 나라다"라고 선포한 거죠. 그리고 각종 제도를 정비합니다.

이렇게 성왕 때가 되면 백제는 힘을 거의 되찾아요. 백제는 이제 다시 고구려에 복수할 시기가 왔다고 생각했을 거예요. 백제는 동맹이었던 신라와 함께 고구려로 쳐들어가서 한강 유역을 되찾아 옵니다.

다시 자신들의 옛 터전을 되찾은 백제. 하지만 이제 되었다고 생각한 순간 예상하지 못한 일이 벌어집니다. 신라가 백제를 배신하고 백제가 차지한 한강 유역을 빼앗은 거지요. 그리고 성왕은 신라와 싸우다가 관산성에서 신라군에 붙잡혀 죽게 되고요.

여기까지 백제의 역사를 보면 정말 짠한 마음이 들어요. 고구려에 치이고 신라에 배신당하면서 영토도, 왕도 잃었으니까요.

하지만 근초고왕이 만든 칠지도를 보면 알 수 있듯이 백제는 힘만 강한 나라가 아니었어요. 주변의 어떤 나라와 비교해도 뒤처지지 않을 만큼 엄청난 기술과 세련된 문화를 가진 선진국이었지요. 백제는 고구려와 신라에 밀려나면서도 눈부신 문화를 발전시킵니다.

백제가 문화 강국이었다는
증거가 있나요?

옛날에는 백제 문화를 '검이불루 화이불치'라는 여덟 글자로 표현했어요. 검소하지만 누추하지 않고, 화려하지만 사치스럽지 않다는 뜻이에요. 말이 어렵죠? 한마디로 아름다우면서도 자연스러운, '꾸민 듯 안 꾸민 듯' 한 느낌이라고 생각하면 좋을 것 같아요. 그만큼 예술 감각이 뛰어났다는 뜻이겠죠.

하지만 안타깝게도 백제는 삼국 중 가장 먼저 멸망하면서 많은 문화유산과 기록을 잃어버렸어요. 그래서 백제의 문화가 뛰어나다고 아무리 말해도 증거가 없으니 답답하기만 했죠. 눈에 보이는 것 없이 말로만 떠들어 댄들 누가 믿겠어요?

그렇게 뛰어났던 백제 문화는 천 년이 넘는 시간 동안 조용히 묻혀 있다가 두 개의 문화유산, 바로 무령왕릉과 백제 금동 대향로가 발견되면서 다시 그 찬란한 모습을 드러냅니다.

먼저 백제의 수도가 웅진에 위치하던 시기에 만들어진 무령왕릉은 말 그대로 무령왕이 묻힌 무덤이에요. 무령왕은 고구려에 의해 개로왕이 사로잡혀 죽고 난 뒤 휘청이던 백제를 다시 일으킨 왕이죠. 무령왕릉에서는 무령왕이 어떻게 나라의 위기를 벗어나려 했는지 엿볼 수 있습니다.

무령왕릉에서는 사천육백여 점이나 되는 백제의 문화유산이 우르르 쏟아져 나왔어요. 그저 양만 많은 게 아니라, 그중 열일곱 개가 국보로 지정될 정도로 가치가 큰 문화유산이에요. 그런데 이보다 중요한 것은 무령왕릉에 중국, 일본과 교류했던 흔적이 잘 남아 있다는 점이에요.

무령왕릉은 중국식 벽돌무덤으로 지어졌고 안에서 중국제 도자기가 많이 발견되었어요. 그리고 왕과 왕비가 잠들어 있는 관은 일본에서만 자라는 나무로 만들어졌어요. 이것은 백제가 중국, 일본과 활발하게 교류했다는

사실을 보여 줍니다.

　무령왕은 백제의 위기를 중국, 일본과의 교류로 해결하려고 했을 거예요. 그리고 교류의 핵심은 바로 '문화'였지요.

　다음으로 손꼽히는 백제의 문화유산은 백제 금동 대향로예요. 사비에는 왕과 귀족들의 무덤이 모여 있는 능산리 고분군이 있어요. 성왕이 신라와의 싸움에서 죽자 아들인 위덕왕이 돌아가신 아버지의 영혼에 복을 빌기 위해 능산리 고분군 근처에 절을 지었지요.

　백제 금동 대향로는 그 절터를 발굴하는 과정에서 발견되었습니다. 아마 백제 왕들이 제사 때 사용했던 것으로 보여요. 그런데 어떤 이유에서인지 향로가 나무 상자 속 진흙에 파묻혀 있었어요. 덕분에 원래 모습이 망가지지 않고 그대로 보존되었죠.

　백제의 사상과 뛰어난 기술을 엿볼 수 있는 유물인 백제 금동 대향로를 한번 살펴볼까요?

　향로의 맨 위에는 상상 속의 동물인 봉황이 있고, 밑

에는 용이 향로를 받치고 있어요. 봉황은 도교를, 용은 불교를 상징해요. 도교 사상과 불교 사상이 함께 반영되어 있는 거예요.

그리고 뚜껑 몸체에는 악기를 연주하는 사람과 각종 동물, 산봉우리, 폭포, 시냇물 등이 아름답게 조각되어 있어서 정말 꿈에서나 볼 수 있는 신비로운 풍경이라는 생각이 들어요. 아마 백제 사람들이 생각하는 이상적인 세계가 아니었을까요?

여러분도 실제로 박물관에 가서 백제 금동 대향로를 본다면 왜 이 향로가 우리의 여러 문화유산 중에도 손에 꼽히는 작품인지 알게 될 거예요.

여러분도 부모님이나 친구와 함께 공주나 부여에 가게 될 일이 생긴다면 무령왕릉에서 나온 유물이 있는 국립공주박물관과 백제 금동 대향로가 전시되어 있는 국립부여박물관을 꼭 찾아가 보세요. 한반도를 넘어 중국, 일본에도 이름을 날렸던 문화 강국 백제의 힘을 느낄 수 있을 거예요.

역사는 나만의 가치를 발견할 수 있도록 돕는다

지금까지 고구려, 신라, 백제를 차례대로 살펴봤어요. 이 나라들은 저마다 특징을 지니고 있습니다. 고구려는 끊임없이 위기를 겪으면서도 이겨 내고 강력한 나라를 건설하는 강인함이 있고, 신라는 늦게 발전했지만 결국에는 마지막 승리를 차지하는 끈기를 보여 주지요. 그리고 백제 역시 주변 나라와 활발히 교류하며 문화 강국으로 성장하는 열린 자세를 보여 주고 있어요.

여러분 주변에도 정말 멋지고 잘나 보이는 사람이 있을지 몰라요. 여러분보다 공부를 잘하는 친구도 있을 수 있고, 운동이나 음악을 잘하는 친구도 있을 수 있지요. 그럴 때 꼭 내가 가진 능력이나 장점은 초라해 보이고 남이 가진 장점은 훨씬 뛰어나 보이곤 하죠.

하지만 우리가 가진 가치는 이런 한두 가지 기준으로만 결정되는 것이 아니에요. 눈에 보인다고 해서 가치

있는 것은 더더욱 아니고요.

역사는 우리 가치가 당장 눈에 띄는 무언가에만 있지 않다는 것을 알려 줍니다. 삼국이 갖고 있던 장점이 달랐던 것처럼 각자가 지닌 장점은 다 다르니까요.

백제가 주변 나라와 활발하게 교류하며 자신만의 문화를 꽃피워 문화 강국으로 이름을 널리 알렸듯이 남들과 비교하기보다 여러분만의 장점과 가치를 잘 살린다면 언젠가 나의 가치가 빛나는 시간이 올 거예요.

삼국 시대인데 나라가
네 개라고요?

삼국을 넘어 사국의 시대로

1990년의 어느 무더운 여름날, 경상남도 김해 대성동에 있는 야트막한 언덕에서 치열한 발굴 작업이 진행되고 있었어요. 발굴 전에는 고추밭이었던 언덕이었죠. 사람들은 여태껏 보지 못한 새로운 보물이 발견될 거라는 기대를 품었어요. 물론 아무것도 없을지 모른다는 불안함도 가지고 있었겠죠.

땅을 1미터쯤 파 내려갔을까요? 토기 조각이 하나씩 나오기 시작했어요. 그리고 사람 키보다 훨씬 큰 3미터쯤 파 내려가자 이번에는 통형

동기가 나타났어요. 통형 동기는 지배자가 큰 행사를 치를 때 사용하는 청동기라고 추측해요. 나무 자루 끝에 꽂아 장식하는 청동기로 흔들면 소리가 나게 만들어져 있지요. 통형 동기를 발견한 사람들은 아마 흥분을 감추지 못했을 거예요. "내 손으로 이런 보물을 찾아냈다니!" 하면서 말이에요. 천 년 넘게 비밀에 싸여 있던 가야의 모습이 세상에 밝혀지는 순간이었어요.

그 뒤로 대성동에서는 수십 기의 가야 무덤이 발견되었어요. 토기부터 철제 무기, 아름다운 장식품까지 가야의 실제 모습을 보여 주는 수많은 보물이 발견되었죠. 늘 사람들의 관심 밖에 있던 가야는 이렇게 역사의 주인공으로 우뚝 서게 되었습니다.

・・・

'스포트라이트'라는 말을 들어본 적 있나요? 연극 무대에서 무대의 한 부분이나 특정 인물만을 특별히 밝게 비추는 조명을 스포트라이트라고 해요. 우리가 고대 역사를 배울 때는 주로 고구려, 백제, 신라가 스포트라이트를 받아요. 하지만 삼국 시대 이전 한반도와 만주에는 이 세 나라뿐 아니라 부여, 동예, 옥저, 삼한과 같은 많은 나라가 존재했습니다. 아마 몇몇 나라의 이름을 들어 본 친구들도 있을 거예요.

이 나라들 중 삼한의 변한에서 출발해서 고구려, 백제, 신라와 삼국 시대를 함께한 나라가 있어요. 바로 가야입니다. 삼국과 거의 비슷하게 출발했고 신라에 완전히 병합된 때는 6세기니까 대부분의 시간을 삼국의 역사와 함께한 셈이에요. 이처럼 오랜 시간 존재했지만 가야의 역사는 좀처럼 스포트라이트를 받지 못했어요.

가야는 어떤 나라였나요?

이런 노래를 들어 본 적이 있나요? "거북아. 거북아. 머리를 내밀어라. 내밀지 않으면 구워 먹으리."

뜬금없이 거북이를 구워 먹는다니! 노래 가사가 어딘

가 이상하다고요? 이 가사는 가야의 건국 이야기에 나오는 '구지가'라고 하는 노래예요. 구지가는 고대 사회에서 불렀던 가요라고 할 수 있지요.

가야가 세워진 곳은 한반도 남쪽 낙동강 지역이에요. 원래 이 지역에는 변한이라는 나라가 있었어요. 가야는 변한의 작은 나라들이 모여 만들어졌습니다. 가야 역시 건국 이야기가 전해져요.

가야의 건국 이야기에는 아홉 명의 부족장이 등장합니다. 이 부족장들은 각자 자신의 지역을 다스리고 있었어요. 그런데 어느 날 산에서 이상한 소리가 나는 거예요. "이게 무슨 소리야?" 하며 부족장과 백성들이 모였더니 다시 소리가 들렸어요. 바로 구지가를 부르면서 춤을 추라는 명령이었죠.

사람들이 열심히 노래를 부르며 춤을 추자 하늘에서 자주색 줄이 내려왔어요. 줄을 따라가니 붉은 보자기에 싸인 금빛 상자가 있었지요. 상자 안에는 황금 알 여섯 개가 있었습니다. 그리고 얼마 지나지 않아 그 알에서 아기들이 태어났어요.

그중 가장 먼저 태어난 아이의 이름을 김수로라고 했어요. 김수로는 금관가야의 왕이 되었다고 합니다. 나머지 아이들도 자라서 각각 가야의 왕이 되었어요. 금관가야를 세운 김수로는 인도에서 배를 타고 온 공주를 아내로 맞이하고 가야를 백오십 년 넘게 다스렸다고 해요.

가야의 건국 이야기를 보면 다른 나라와 비슷한 점이 많아요. 고구려의 주몽이나 신라의 박혁거세처럼 알에서 태어났고, 아내를 맞이하는 과정도 환웅이 웅녀를 만나 결혼한 것처럼 신비롭지요.

아마 가야를 세운 사람들도 고구려, 신라를 세운 사람과 크게 다르지 않은 생각을 했던 것 같아요. 자신들이 특별한 존재라는 사실을 신화를 통해 널리 보여 준 거예요. 가야 역시 삼국과 비슷한 모습으로 세워지고 비슷하게 발전해 나간 것이죠.

가야도 삼국만큼 발전한 나라였다고요?

얼마 전까지만 해도 가야의 역사는 별로 알려지지 않았어요. 삼국보다 먼저 멸망해서인지 가야에 대한 기록도 많지 않았고 유물과 유적도 거의 발견되지 않았었거든요. 그래서 가야의 별명도 오랫동안 '잊혀진 나라'였어요. 좀 슬픈 별명이지요?

그러다 학자들이 가야가 존재했던 지역을 발굴하고 조사하면서 가야의 문화는 조금씩 세상에 알려지게 되었어요. 발굴 과정에서 통형 동기가 나왔던 대성동 고분군도 그중 하나예요.

발굴을 통해 드러난 가야는 절대 삼국보다 뒤떨어진 나라가 아니었습니다. 생각했던 것보다 훨씬 뛰어난 점이 많은 나라였지요.

가야는 낙동강 유역의 비옥한 땅에 자리를 잡았어요. 벼농사를 짓기 유리한 환경이었죠. 그리고 낙동강을 통해 바다로 나갈 수 있어 주변 나라들과 활발히 교류할 수 있었습니다.

그리고 가야는 '철의 나라'라고 불릴 정도로 철이 풍부했어요. 가야 주변에는 철이 나는 광산이 여럿 있었거든요. 철은 전쟁을 치를 때도, 농사를 지을 때도 꼭 필요한 자원이었습니다. 무척 귀하다 보니 철을 돈처럼 사용하기도 했고요.

철이 풍부하게 나던 가야는 철을 낙랑과 일본 등 주변 나라에 수출했어요. 신라의 한 무덤에서 가야의 철기가 발견되기도 했죠.

특히 일본은 아직 철을 생산할 능력이 없어 가야로 사람을 많이 보냈다고 해요. 일본은 가야의 철 만드는 기술을 배워 갔을 뿐만 아니라 가야의 토기 제작 기술도 받아들여 쇠처럼 단단한 토기라는 뜻의 스에키를 만들어내기도 했지요.

하지만 철이 많이 생산된다고 해서 모두 철기를 만들 수 있는 건 아니에요. 당시 철을 다루는 기술은 지금 스마트폰이나 자동차를 만드는 것처럼 최첨단 기술이었거든요. 가야의 철 다루는 기술은 주변 나라들 사이에서도 최고였어요.

최고의 철 다루는 기술을 지닌 가야는 철을 이용해 무기와 갑옷을 많이 만들었습니다. 한반도에서 나온 철 갑옷 대부분은 가야에서 만든 것이라고 해요. 갑옷의 종류도 사람이 입는 것부터 말에게 입히는 것까지 다양합니다. 가야가 만든 갑옷을 보면 절대 약한 나라라고 생각할 수 없어요. 그러니 주변 나라들이 앞다투어 가야의 철기를 수입하려 했겠죠.

이처럼 가야는 비옥한 토양과 철기 수출 등을 통해 탄탄한 경제력을 가지게 되었습니다. 이러한 경제력을 바탕으로 문화를 발전시킬 수 있었고요.

우리는 삼국 시대라고 하면 자연스럽게 고구려, 백제, 신라만 생각하게 돼요. 하지만 가야 역시 삼국에 뒤처지지 않을 정도로 존재감을 드러내던 나라였습니다. 무역으로 탄탄한 경제력도 갖추었고, 군사력도 절대 약하지 않았어요.

이렇게 역사를 바라보는 시선을 약간만 돌리면 우리가 생각하지 못했던 역사의 새로운 장면을 많이 발견할 수 있어요. 새로운 친구를 만나면 이야기할 거리도 배울 점도 새롭게 생기곤 하잖아요. 마찬가지로 역사를 둘러보다 낯선 장면을 마주하더라도 새로운 가치를 발견할 수 있습니다.

그럼 가야는 왜 삼국에 끼지 못했나요?

고구려, 백제, 신라는 왕권을 강화하고 여러 가지 제도를 정비하면서 중앙 집권 국가로 발전했어요. 하지만 가야는 삼국과는 달리 왕의 권력이 강하지 못했어요. 여러 나라가 힘을 합치며 느슨하게 모여 있는 연맹 왕국 단계에 머물러 있었거든요. 각자 서로 할 일을 하다가 필요할 때 힘을 모으는 게 연맹 왕국이에요.

연맹 왕국의 왕은 그저 나라를 대표하는 사람일 뿐 힘이 강하지 않았어요. 나라에 좋지 않은 일이 생기면 왕을 쫓아내는 일도 있었고요. 물론 연맹 왕국 단계가 꼭 나쁘기만 한 건 아니에요. 연맹 왕국이었기 때문에 가야에 속해 있던 여러 나라도 각자 자신만의 문화를 발전시킬 수 있었으니까요.

하지만 왕권이 강력했던 고구려나 백제, 신라에 비해 연맹 왕국인 가야는 힘을 모으기가 어려웠습니다. 같은 문제가 일어나도 나라마다 생각이 다를 수 있으니까요. 그러니 이웃 나라의 힘이 세질수록 가야는 시달릴 수밖에 없었죠.

백제와 신라 사이에 끼어 있던 가야는 두 나라가 싸울 때마다 고래 싸움에 새우 등 터지듯 힘든 시간을 보내요. 심지어 멀리서 고구려군이 도망치는 일본군을 쫓아 가야까지 오는 일도 있었고요.

이렇게 계속 전쟁에 휘말린 가야는 자신의 힘을 키울

기회를 놓쳐 버려요. 점점 약해지던 가야는 신라 법흥왕 때 금관가야가, 진흥왕 때 대가야가 무너지며 결국 멸망하고 맙니다.

그래서 우리는 가야와 삼국이 함께 있던 이 시대를 사국 시대라고 하지 않고 삼국 시대라고 불러요. 가야가 고대 국가로 발전하지 못했기 때문이에요. 이 시대를 기록한 역사책인 《삼국사기》나 《삼국유사》에서도 가야의 역사는 크게 다루지 않았어요. 별로 중요하지 않은 나라라고 생각했던 걸까요?

가야는 중앙 집권 국가로는 발전하지 못했지만 연맹 왕국을 이루며 세력을 키우고 나름의 문화를 발전시켰어요. 역사에서 가야를 중요하게 다루지 않는다고 삼국과 함께 존재했던 가야를 못 본 체 넘어가는 건 역사를 바라보는 올바른 태도가 아니에요. 역사는 단지 시험 성적을 잘 받기 위한 암기 과목이 아니거든요. 시험 과목이라고만 생각했던 역사, 잘 모르고 관심도 없는 역사 속에도 보물 같은 의미가 숨겨져 있습니다.

시선을 돌리면
새로운 것이 보인다

우리는 고구려, 백제, 신라에 스포트라이트를 비춘 채 역사를 바라보는 경우가 많아요. 그러다 보니 삼국 시대의 주인공이 고구려, 백제, 신라라고만 생각할 수도 있습니다. 하지만 우리나라 역사의 주인공이 우리인 것처럼 가야 역사의 당당한 주인공은 가야 사람들이에요.

그러니 이제 삼국 시대보다 사국 시대라는 이름을 사용하는 것은 어떨까요? 가야의 역사도 삼국 못지않게 찬란했다는 사실을 알게 되었으니까요. 우리가 가야의 역사에 관심을 갖고 대화를 나눈다면, 가야도 우리에게 더욱 많은 비밀을 털어놓을 수도 있어요.

우리 역사에는 매력적인 콘텐츠가 참 많습니다. 가야도 그중 하나고요. 그런데 우리는 유명한 나라, 유명한 인물에게만 주목하는 경우가 참 많아요. 우리 역사의 매력을 온전히 누리지 못하는 거죠.

우리가 지금껏 몰랐던 역사 하나하나에 관심을 가질 때 역사는 다양한 이야기를 우리에게 들려줄 거예요. 그러면 역사는 더욱더 재미있어질 거고요. 시선을 조금만 돌려 보세요. 역사를 공부하는 새로운 즐거움을 발견하게 될 테니까요.

7장

한국, 중국, 일본 중 어느 나라가 가장 뛰어났나요?

뛰어남의 기준

한국과 중국, 일본은 수천 년 전부터 아주 가깝게 교류하며 지냈어요. 중국과 우리나라는 국경이 붙어 있고 섬나라인 일본과 가장 가까이 있는 나라가 우리나라니까요. 그렇게 가까운 곳에 있다 보니 한국과 중국, 일본은 많은 부분에서 비슷한 문화를 공유하게 되었지요.

우선 세 나라는 사람들이 쌀을 주로 먹는다는 특징이 있습니다. 서양 음식을 파는 레스토랑에 가면 생각보다 쌀을 이용한 음식을 찾기 힘들어요. 보통 밀로 음식을 만들어 먹거든요.

음식을 먹을 때 젓가락을 사용한다는 것도 세 나라가 비슷해요. 또 한자를 사용한다는 점이나 유교, 불교 문화를 갖고 있다는 것도 공통점입니다. 우리나라에서 지금 글자를 한자로 쓰지는 않지만 우리가 사용하는 많은 단어는 원래 한자로 된 말이에요.

그런데 비슷한 점이 많다 보니 다투는 일도 잦습니다. 비슷한데 왜 다투냐고요? 서로 자신의 문화가 원조라고 우기는 거예요. 얼마 전 중국에서 김치와 한복의 원조는 한국이 아닌 자신들이라고 주장하는 일도 있었죠. 그것만이 아니에요. 자신들의 역사가 더 뛰어나다고 주장하기도 합니다.

한때 일본은 삼국 시대에 일본이 한반도 남쪽 지역에 '임나일본부'라는 기구를 설치해서 백제, 신라, 가야를 지배했다는 얼토당토않은 주장을 펼친 적도 있어요. 일본은 자신들이 옛날부터 한반도를 지배했으니 당연히 일본의 역사가 한반도의 역사보다 더 뛰어나다고 주장했지요.

하지만 '임나일본부'는 일제 강점기에 일본이 다른 나라의 비난을 받지 않고 한국을 지배하기 위해 조작한 역사였죠. 여러 근거를 통해 일본의 주장은 사실이 아님이 드러났습니다.

이렇게 세 나라가 다투는 모습을 보면 정말로 궁금해질 수도 있을 것 같아요. 한국, 중국, 일본의 문화 중 어떤 나라의 문화가 더 뛰어난 것일까요?

삼국 시대에 일본과 우리는 어떤 관계였나요?

일본의 나라현에 가면 호류지라는 절이 있어요. 호류지는 현재 일본에 남아 있는 가장 오래된 목조 건축물이에요. 우리나라가 삼국 시대일 때 처음으로 지어졌고 이

후 화재로 불타 없어졌다가 다시 건축해서 지금까지 남아 있어요.

처음 이 절을 지을 때는 백제의 기술자와 삼국의 승려들이 참여했다고 해요. 그래서 호류지를 보면 백제 사람들이 어떤 방식으로 절을 만들었는지를 엿볼 수 있습니다.

그리고 호류지에는 부처님을 그린 벽화가 남아 있어요. 그런데 이 부처님을 고구려 사람이 그렸다는 이야기가 전해져요. 고구려에서 일본으로 넘어가 종이와 먹을 만드는 법을 알려 주었다는 스님 담징이 그 주인공이죠.

물론 담징이 정말로 그 벽화를 그렸는지는 확실하지 않다고 합니다. 하지만 옛날에는 일본 사람들조차 담징이 벽화를 그렸다고 믿었어요. 그만큼 삼국이 일본에 전해 준 것들이 많았거든요.

지금 방탄소년단의 노래나 드라마 〈오징어 게임〉을 통해 우리나라 문화를 알리는 것처럼, 삼국 시대의 종교와 예술은 문화를 전하는 역할을 했어요. 그래서 이런 불교 예술을 보면서 백제, 고구려, 신라가 일본 문화에 굉장히 많은 영향을 주었다고 짐작할 수 있지요.

특히 백제는 일본과 가장 깊게 교류한 나라였어요. 백제만의 방식으로 지은 건물뿐 아니라 학문도 일본에 전해 주었지요. 앞서 이야기한 칠지도도 백제가 일본에 준 보물이었잖아요.

또 신라와 가야도 배나 토기 만드는 기술을 일본에 전달했습니다. 이렇게 전해진 삼국의 문화는 일본 최초의 불교 문화인 아스카 문화가 성립하고 발전하는 데 커다란 영향을 미쳤어요.

삼국과 일본의 교류를 바라보면 마치 선생님과 학생 관계처럼 느껴지기도 해요. 설명만 들으면 선생님 같은 고구려, 백제, 신라가 어린아이 같은 일본에 무언가 알려 준 것처럼 느껴지잖아요.

그렇다면 일본에 우리가 문화를 전해 주었으니 우리나라는 뛰어났고, 일본은 발전하지 못하고 문화 수준이 낮은 나라였던 걸까요?

하지만 좀 더 생각해 보면 우리나라가 일본에 전해 준 문화도 전부 우리만의 것은 아니에요. 많은 것이 중국을 통해 들어왔거든요. 불교도 그렇고, 유교 같은 학문도 중국을 통해 들어왔습니다.

삼국은 당시 선진국이었던 중국의 문화를 받아들여 자신들의 문화를 발전시켰어요. 그러니까 고대에는 중국 문화가 한반도로, 한반도의 문화가 다시 일본으로 흘러간 거죠.

그럼 중국이 1등, 우리나라가 2등, 일본이 3등인가요?

여러분, 학교에서 만약 학생들한테 태어난 순서대로 성적을 매긴다면 어떨까요? 먼저 태어난 사람이 조금이라도 무언가를 먼저 배웠을 테니까 높은 점수를 주는 거죠. 만약 그렇게 된다면 학생들의 불평이 엄청날 거예

요. "조금 먼저 태어났다고 더 뛰어나다고 할 수는 없잖아요!" 하면서 말이에요.

문화도 마찬가지예요. 어떤 문화가 먼저 시작되었다고 해서 더 뛰어난 것은 아니에요. 문화는 사람들이 살아가는 방식이거든요.

삼국이 중국의 문화를 많이 받아들인 것은 사실이에요. 하지만 그대로 따라 한 것은 아닙니다. 백제는 중국에서 향로를 들여온 다음 그걸 응용해서 백제만의 금동 대향로를 만들었어요. 중국에서도 보기 힘들 정도로 엄청나게 잘 만든 작품이죠. 처음에는 비슷하게 따라 하더라도 나중에는 우리만의 문화를 만들어 낼 수 있는 거예요.

고구려, 백제, 신라를 비슷하게 따라 했던 일본 역시 나중에는 일본만의 문화를 만들어 냅니다. 그래서 같은 불교 문화라도 중국과 삼국, 일본은 서로 다른 모습을 보여요. 어떻게 다르냐고요? 절 앞에 지어진 탑만 봐도 알 수 있어요.

우리나라 절에 가 보면 회색 돌로 만들어진 탑을 많이 볼 수 있어요. 불국사에 지어진 석가탑과 다보탑이 대표적이죠. 그런데 중국이나 일본에는 이런 탑이 생각보다 많지 않습니다. 우리나라에 불교를 전한 중국에는 흙을 구워 만든 벽돌로 지어진 탑이 많아요. 반면 일본은 나무로 탑을 만들었고요.

왜 모두 같은 재료로 탑을 만들지 않았을까요? 중국이 우리나라에, 우리나라가 일본에 불교를 전해 주었는데 말이에요.

문화는 주어진 환경에 따라 모두 다르게 나타나요. 중국은 벽돌을 만들고 다루는 기술이 발전했기 때문에 벽돌 탑을 많이 쌓았어요. 나중에 기술이 발전하면서 점점 벽돌 탑도 많아집니다.

그리고 일본은 곧고 커다란 나무를 구하기 쉬운 환경이었어요. 그러니 힘들게 돌을 구해서 탑을 쌓는 것보다 나무로 탑을 짓는 것이 편리했을 거예요.

반면 우리나라는 옛날부터 단단한 화강암으로 탑을

만들었어요. 화강암은 화산 활동으로 만들어지는 돌이에요. 다른 나라와 달리 우리나라 땅에는 화강암이 특히 많아요. 한반도에 있는 돌 네 개 중 하나가 화강암일 정도로 많지요.

그렇다고 나무보다 화강암이, 화강암보다 벽돌이 뛰어난 재료인 것은 아니에요. 각 나라 사람마다 잘 다루는 재료가 다를 뿐이죠.

한 나라는 주변 나라들과 교류하며 발전해 나갑니다. 혼자만 고립되어 있으면 발전하기 어렵지요. 그리고 교류하는 과정에서 다른 나라의 문화를 접할 수밖에 없어요. 그렇게 흘러들어 온 문화를 자신들의 자연환경이나 생활에 맞게 변화시키고 재창조해서 자신만의 문화로 만드는 거예요. 그러면서 새로운 문화가 탄생하게 되는 거죠.

그러니 문화를 말할 때는 어떤 것이 우월하다고 말하기 어렵습니다. 문화마다 나름대로 그렇게 발전한 이유가 있으니까요.

저마다 다른 문화에는
이유가 있다

남아메리카에는 1438년에 건국되어 1534년에 멸망한 잉카 제국이란 나라가 있었어요. 우리나라 역사로 따지면 조선 시대쯤 있었던 나라예요.

그런데 잉카 제국의 문화를 보면 정말 신기한 점이 많아요. 유럽이나 아시아에서 철로 무기를 만들고 총을 발명했을 때 잉카에서는 여전히 석기 시대처럼 돌로 무기를 만들었거든요.

잉카 사람들은 문자도 사용하지 않았어요. 역사를 공부하는 사람들은 잉카 제국의 문화가 신석기에서 청동기 시대 수준이었다고 설명하기도 합니다. 그러면 우리는 은근히 무시하는 마음을 갖게 될 수도 있어요. 우리보다 한참 뒤떨어진 사람들처럼 보이니까요.

그런데 실제로 남아메리카에 가서 잉카 제국의 문화유산을 보면 모두 놀라게 될 거예요. 지금 봐도 신기할 정도의 훌륭한 기술을 갖추고 있었거든요.

　잉카 제국은 농업 기술이 정말 발달했어요. 잉카에는 '모라이'라고 부르는 계단식 논이 있었는데, 층마다 온도가 달라지도록 설계했어요. 가장 낮은 곳은 햇빛이 바로 내리쬐어 따뜻하고, 높은 곳으로 올라갈수록 온도가 조금씩 떨어지죠.

　잉카 사람들은 각 층의 온도에 맞는 채소를 길렀어요. 가장 낮은 곳에는 옥수수를, 높은 곳에는 감자를 심었다고 합니다. 어떻게 하면 효과적으로 농사를 지을지 알았던 거예요.

　또 건축 기술도 뛰어났어요. 잉카에서는 돌과 돌을 끼워 맞춰서 건물을 지었는데, 지금 가서 보면 돌과 돌 사이에 종이 한 장 들어갈 틈이 없어요. 심지어 서로 다른 모양의 돌인데도 완벽하게 끼워 놓았습니다.

　잉카의 공중 도시라 불리는 마추픽추에 도착하면 잉카 사람들의 건축 실력을 한눈에 확인할 수 있어요. 실제로 보면 그 기술에 혀를 내두를 수밖에 없습니다. 석기를 사용했다고 해서 결코 무시할 수 없는 거죠.

분명 잉카 사람들이 이렇게 돌을 이용해서 문화를 발전시킨 이유가 있을 거예요. 잉카에서는 석기만 이용해도 자신들에게 꼭 맞는 멋진 건물을 세울 수 있고, 농사도 부족함 없이 지을 수 있으니까요. 잉카는 우리보다 뒤떨어진 문화를 가졌던 나라가 아니에요. 자신들에게 유리하고 알맞은 방식으로 문화를 발전시킨 거라고 생각할 수 있어요.

아쉽게도 잉카 제국의 문화유산은 많이 남아 있지 않아요. 나중에 잉카 제국은 유럽 사람들의 침략을 받아 멸망하거든요.

유럽 사람들은 석기를 사용하는 잉카 사람들을 미개하고 약한 원시인이라고 생각하며 무시했어요. 그래서 잉카 제국이 남긴 문화를 존중하지 않고 파괴해 버렸지요. 이제 잉카 제국의 문화유산은 극히 일부만 남아 아름다웠던 과거를 보여 줄 뿐이에요.

서로를 존중할 때
더욱 발전하고 풍부해진다

지금은 전 세계가 자유롭게 문화를 주고받으면서 발전하고 있어요. 우리나라의 방탄소년단은 세계적으로 엄청난 인기를 얻고 있잖아요. 반대로 우리는 미국의 마블이나 디즈니에서 만든 영화를 많이 보고요.

이때 어느 나라 문화가 더 나은지는 크게 중요하지 않습니다. 서로의 문화를 받아들이면서 우리는 더 풍부한 문화를 누릴 수 있으니까요.

우리 역사는 다른 사람, 다른 나라와 무언가를 주고받으며 끊임없이 발전한 시간이에요.

일방적으로 한쪽이 문화를 전파한 게 아니라 서로가 장점을 전하고 또 받아들였지요. 그리고 우리에게 맞는 방식으로 문화를 발전시켜 나갔어요. 상대를 미개하다고, 오랑캐라고 무시하며 절대 인정하지 않는 태도는 오히려 다툼만 낳을 뿐이었습니다.

우리도 앞으로는 다른 문화를 바라보는 시각을 바꾸어 보면 좋을 것 같아요. 어떤 문화가 뛰어난지 비교하고 판단하기보다 왜 저런 문화가 발전했는지 생각해 보는 거죠. 모든 나라는 각자에게 가장 필요한 것, 가장 좋은 것을 발전시켜 왔으니까요.

주변 사람들과의 관계에서도 마찬가지예요. 역사 속에서 사람들이 교류하면서 문화를 발전시켜 나갔듯이 우리 한 사람 한 사람도 서로를 존중하고, 다른 사람을 있는 그대로 받아들일 때 더욱 풍부한 생각과 마음을 가진 사람이 될 수 있을 거예요.

고구려에게 패배한 수·당은 시시한 나라인가요?

기적을 만들어 내는 비법

이번에는 삼국과 함께 있었던 중국의 이야기로 시작해 보려 해요. 우리나라에서 삼국이 성장하던 시기에 중국은 여러 나라로 나뉘어 있었습니다. 유비와 관우, 제갈량 등이 등장하는 《삼국지》를 알고 있나요? 중국은 그때 삼국으로 나뉘진 뒤 계속 여러 나라가 생겼다가 사라지는 혼란을 겪고 있었어요.

광개토 태왕이 만주 벌판을 달리며 고구려의 전성기

를 열었을 때도 마찬가지였어요. 중국은 여러 나라로 쪼개져 서로 다투며 으르렁대고 있었어요. 그러다 보니 고구려에 적극적으로 맞설 여력이 없었죠.

광개토 태왕과 장수왕 때의 고구려는 이런 상황 속에서 활발한 정복 활동을 펼치며 전성기를 누릴 수 있었던 거예요.

우리는 우리나라 입장에서만 역사를 바라보기 쉬워요. 하지만 그러면 세상을 바라보는 시야가 좁아져요. 이웃나라인 중국의 상황까지 살펴보면 역사를 훨씬 깊이 이해할 수 있습니다.

고구려는 분열된 중국의 상황을 영리하게 이용해 이웃 나라들을 벌벌 떨게 할 만큼 강한 나라로 성장했어요. 그런데 얼마 지나지 않아 중국에서 통일 왕조가 등장합니다. 수 왕조가 중국을 통일한 것이죠. 그때부터 고구려와 중국의 긴 싸움이 시작돼요. 그리고 여러 차례 중국과 맞붙은 고구려는 큰 승리를 거두기도 합니다.

고구려의 승리는 정말 기적과도 같은 일이었어요. 역

사를 여기저기 살펴봐도 중국에 맞서 이렇게까지 잘 싸운 나라를 찾기는 힘들거든요. 하지만 고구려가 만든 기적은 단순히 운으로 만들어 낸 게 아니었어요.

처음부터 중국과 싸우지 않을 방법은 없었을까요?

전쟁은 당연히 바람직하지 않아요. 고구려도 싸우지 않고 사이좋게 지낼 수 있었다면 가장 좋았겠죠. 실제로 장수왕 때는 중국과의 싸움은 피하고 필요한 이익을 챙기는 균형 외교를 통해 중국과 꽤 나쁘지 않은 관계를 유지했어요.

하지만 수 왕조가 나뉘어 있던 중국을 통일하면서 관계가 완전히 바뀌기 시작했습니다. 수는 자신들이 전 세계의 중심이 되려 했거든요. 이웃 나라들을 모두 자신의 발밑에 두겠다는 생각이었죠.

그런데 주위를 둘러보니 고구려가 눈에 띄는 거예요. 수는 당시 동북아시아 최강자였던 고구려를 꺾으면 한반도까지 손에 넣을 수 있다고 계산했을 거예요.

수는 우선 고구려에 으름장을 놓기 시작했습니다. 고구려에게 자신들을 섬기라고 요구했죠. 하지만 이런 요구에 굴복할 고구려가 아니었습니다.

고구려는 수가 이런 식으로 나올 것을 예상하고 대비하고 있었어요. 오히려 고구려는 수가 차지하고 있던 요서 지역을 먼저 공격하기까지 합니다. 항복하지 않겠다는 뜻을 확실하게 전달한 거예요.

그러자 수가 고구려로 침략해 들어옵니다. 수는 먼저 삼십만 대군을 이끌고 고구려로 쳐들어와요. 하지만 장마와 태풍 때문에 병사만 잃고 실패하죠. 그래도 수는 포기하지 않았어요. 얼마 지나지 않아 또다시 고구려를 공격합니다. 그때는 수도 온 힘을 다해 고구려를 멸망시키려 했던 것 같아요. 당시 수의 황제였던 양제는 무려 백십삼만 명의 군사를 일으켜 고구려를 공격합니다.

군사 강국 고구려에는
백만 대군이 없었나요?

백만은 정말 어마어마하게 많은 숫자예요. 삼국 시대보다 인구가 훨씬 많아진 지금 대한민국을 지키는 군인들의 숫자가 오십만 명 조금 넘거든요.

당시 백십삼만 명이 모두 출발하는 데만 약 사십 일이 걸렸고 군사의 행렬만 사백 킬로미터 정도였다고 해요. 서울에서 부산까지 군인들이 쭉 늘어서 있는 셈이죠. 이제 얼마나 많은 숫자인지 상상이 되나요?

수가 백십삼만의 군대를 이끌고 고구려에 쳐들어왔다는 것은 그만큼 당시 고구려가 강한 나라였다는 의미이기도 합니다. 고구려도 강한 군사력을 가지고 있었지만 백만 명을 동원하기는 어려웠어요. 당시 고구려 인구가 삼백만 명 정도였거든요. 이런 상황에서 수의 백십삼만 대군을 막아내는 건 불가능에 가까웠어요.

하지만 고구려에는 기적을 만들어 내는 힘이 있었어

요. 바로 마음을 모아 하나가 되는 것이었죠.

고구려는 백만 명이 넘는 수의 군대와 직접 맞붙는 것은 어렵다고 생각했어요. 그래서 주요 지점에 있는 성을 지키며 적이 고구려 땅에서 물자를 얻지 못하게 하는 작전을 펼쳤어요.

전투가 점점 길어지자 수 군대가 가지고 온 식량은 떨어지기 시작했어요. 이제 고구려 땅에서 먹을 것을 구해야 했죠. 그런데 이게 웬일인가요? 마을마다 고구려 백성들도 없고, 집집마다 있어야 할 식량도 없는 거예요. 고구려군이 이미 백성들을 피신시키고 들판의 식량을 불태워 버렸던 거죠.

날씨가 추워지자 초조해진 수 양제는 병사 삼십만을 따로 움직여서 고구려의 수도 평양성을 빠르게 치기로 합니다. 이때 고구려군을 이끌던 을지문덕은 일부러 계속 패배하는 척하면서 적을 고구려 깊숙이 끌어들여요. 을지문덕의 작전대로 깊숙이 들어오고 만 수 군대는 이미 지칠 대로 지쳐 있었고 물자를 보급받기도 어려웠어요. 결국 철수하기로 결정합니다.

이때만 기다리고 있었던 고구려군은 드디어 공격을 시작합니다. 수의 군대가 지금의 청천강인 살수를 반쯤 건널 때 고구려군이 갑자기 등장해서 공격을 퍼부었어요. 수 군대는 삼십만이나 되었지만 허겁지겁 도망치기 바빴지요. 삼십만 명 중에서 살아 돌아간 사람은 겨우 이천칠백 명뿐이었다고 합니다. 이 전투가 그 유명한 '살수대첩'이에요.

살수대첩에서 우리는 을지문덕만을 기억하기 쉽습니다. 실제로 을지문덕의 전략은 정말 대단했어요. 하지만 아무리 뛰어난 사람이라도 혼자서 백만 명이 넘는 군대를 상대할 수는 없잖아요. 고구려의 승리는 을지문덕을 믿고 따라 준 병사들, 그리고 자신의 집과 논밭을 내놓은 백성들이 함께 만든 승리라고 할 수 있어요.

그 후로도 수는 고구려를 계속 공격하지만 실패해요. 고구려를 공격하느라 힘을 다 써 버린 수는 얼마 버티지 못하고 멸망하게 됩니다.

중국의 공격으로부터
한반도를 지킨 고구려

수가 멸망하자 뒤를 이어 또 다른 통일 왕조인 당이 등장해요. 당은 처음에는 고구려와 친선 관계를 유지했어요. 고구려의 영류왕 역시 당과의 외교 관계를 돈독히 하며 전쟁을 피했죠. 하지만 당 태종이라는 황제가 등장하면서 당은 고구려를 점점 압박하기 시작해요. 고구려는 당의 침입에 대비해 국경에 천리장성이라는 긴 성을 쌓았습니다.

이렇게 천리장성을 쌓았음에도 당 태종은 직접 군대를 이끌고 와서 고구려를 침략했어요. 당 태종은 지금도 중국에서 존경받는 뛰어난 황제예요. 특히 전쟁에서 많은 활약을 했어요. 여러 나라와 싸워서 거의 진 적이 없을 정도예요.

고구려와의 전쟁 초반에도 당 태종은 승리에 승리를 거듭했어요. 요동성, 백암성, 비사성 등 고구려에 정말 중요한 성들이 하나씩 당 태종의 손에 넘어가게 돼요. 다음으로 당 군대는 안시성이라는 작은 성을 포위합니다. 안시성까지 무너지면 고구려는 정말 큰 위기에 빠질 수밖에 없었어요.

하지만 기세 좋게 내려오던 당 군대는 안시성에서 그야말로 혼쭐이 납니다. 을지문덕이 수를 상대로 지혜롭게 싸운 것처럼 안시성을 지키던 성주도 지혜로웠어요. 안시성 성주는 병사뿐 아니라 성안에 있는 백성들을 모아서 열심히 싸워요. 패배를 모르던 당 태종도 당황할 수밖에 없을 정도였죠.

도무지 안시성을 무너뜨릴 방법이 없자 당 태종은 수많은 병사들을 이용해서 안시성보다 높은 흙 산을 쌓아 올릴 계획을 세워요. 그 위에서 고구려군을 내려다보며 공격하려는 생각이었죠.

흙을 쌓는 모습을 바라보는 고구려 사람들의 마음은 어땠을까요? 분명 불안했을 거예요. 하지만 마음을 하나로 모은 고구려 사람들은 그대로 당하고만 있지는 않앉어요. 오히려 성벽을 더 높이 쌓고 무너진 성벽을 수리하면서 당의 군대에 맞섰습니다.

그러던 어느 날, 당이 만든 흙 산 한 귀퉁이가 무너져 내렸어요. 정신을 바짝 차리고 기회만 엿보던 고구려 군대는 무너진 성벽 사이를 빠져나와 바로 흙 산으로 공격해 들어갔지요. 결국 당이 두 달이나 힘들게 지은 흙 산은 고구려 손에 넘어갑니다.

이렇게 전쟁은 기적같이 고구려의 승리로 끝나요. 자존심 강한 당 태종도 패배를 인정할 수밖에 없었죠.

고구려는 이번에도 장군과 병사, 백성들의 힘을 하나로 모아 강력한 당을 막아낼 수 있었습니다. 절대 이기지 못할 것 같았던 전쟁을 두 번이나 이겨낸 거죠.

고구려가 중국을 통일한 수와 당을 막아낸 것은 우리나라 역사에서 정말 큰 의미를 가져요. 만약 고구려가 무너졌다면 어떻게 되었을까요? 백제와 신라까지 중국의 공격에 무너지지 않았을까요? 이때 고구려는 한반도를 중국으로부터 지키는 방패 역할을 해 준 거예요.

이렇게나 강했던 고구려는 왜 멸망했나요?

앞에서 당의 침략을 막기 위해 천리장성을 쌓았다고 했죠? 천리장성을 쌓는 일의 책임자로 정해진 사람은 연개소문이라는 사람이었어요. 세력을 키우던 연개소문을 두려워한 왕과 귀족들은 그를 죽일 계획을 세워요.

하지만 연개소문은 이 사실을 미리 알고 귀족들과 왕을 한 자리에 모은 뒤 모조리 죽였어요. 그리고 보장왕을 허수아비 왕으로 세우고 권력을 장악했습니다.

연개소문은 고구려를 강하게 휘어잡고 다스렸어요. 당에도 굽히지 않고 강하게 대응했고요. 고구려를 공격할 기회만 노리고 있던 당 태종은 왕을 죽인 연개소문을 벌한다는 구실로 고구려를 침입했어요. 하지만 연개소문이 지휘한 고구려군은 당과 싸워 여러 차례 승리합니다.

연개소문에 대한 평가는 많이 엇갈려요. 왕과 귀족들을 잔인하게 죽였으니까요. 하지만 그가 권력을 잡고 있을 때의 고구려는 분명 강한 나라였어요. 당의 공격을 여러 차례 막아낸 것도 연개소문이고요.

그런데 계속 이기다 보니 방심했던 걸까요? 어느 순간부터 연개소문은 고구려를 지키는 것보다 자신의 권력을 유지하는 데만 신경을 썼던 것 같아요. 남쪽에서는 신라가 삼국을 통일하기 위해 열심히 힘을 기르고 있었는데 말이에요.

그 결과 연개소문은 권력을 유지했지만, 그가 죽자마자 고구려는 분열하기 시작해요. 연개소문의 아들들도 서로 싸우고 귀족들도 싸우기 바빴지요.

고구려가 중국의 침입을 막아낼 수 있었던 비법은 '마음을 하나로 모으는 것'이었잖아요. 아무리 강한 나라라도 모두가 다른 마음을 먹고 있으면 약해질 수밖에 없어요. 고구려는 연개소문이 죽은 뒤 삼 년 만에 신라와 당의 침입을 받아 무너집니다. 수와 당의 침입을 수도 없이 막아 내며 기적을 보여 주던 고구려는 이렇게 허무하게 멸망하고 말아요.

마음을 하나로 모을 때
승리할 수 있다

얼마 전 텔레비전에서 감동적인 뉴스를 본 적이 있어요. 지하철과 승강장 사이에 다리가 빠진 사람을 구하기 위해 시민 삼십 명이 힘을 합쳐 열차를 밀었다는 사연이었어요. 열차는 사람 한두 명의 힘으로는 절대 밀 수 없어요. 하지만 삼십 명이 힘을 합치니까 도저히 움직이지 않을 것 같은 열차가 밀려났다고 해요.

영화나 위인전에 등장하는 히어로만 엄청난 일을 이뤄 내는 건 아니에요. 오히려 엄청나게 힘이 강한 사람들이 모여 있어도 마음을 합치지 못하면 실패할 수밖에 없지요. 기차를 밀어낸 사람들도 당연히 힘센 운동선수가 아니었어요. 평범한 기차 승객이었죠. 그렇지만 마음을 모으니 열차를 밀 수 있었어요.

우리도 마찬가지예요. 한 명 한 명은 약하지만, 힘을 합치면 기적 같은 일을 해낼 수 있어요.

역사를 보면 평범한 사람들이 힘을 모을 때 기적이 일어나곤 합니다. 중국에 맞서 싸운 고구려는 우리에게 기적을 만들어 내는 법을 알려 주고 있어요. 장군과 병사, 백성들이 한마음이 되었을 때 고구려는 백만 대군도 물리치는 기적을 일으켰어요.

집에서도, 학교에서도 우리는 혼자 해내기 힘겨운 일을 마주할 때가 종종 있어요. 그때마다 역사에서 배운 내용을 생각하며 주위를 둘러보세요. 친구들과 마음을 모으면 여러분이 생각한 것보다 훨씬 많은 일을 해낼 수 있으니까요.

신라는 어떻게 삼국을 통일할 수 있었나요?

끝날 때까지 끝난 게 아니다

삼국은 서로 한반도의 주도권을 차지하기 위해 끊임없이 맞서 싸웁니다. 7세기가 되면 삼국이 마지막으로 한판 승부를 벌여요. 이 시기에는 엄청나게 치열한 전투가 계속되었죠. 그리고 삼국 통일을 건 전쟁의 마지막 승자는 신라였어요.

그때 살았던 사람들도 신라가 삼국을 통일할 거라고는 생각하지 못했을 거예요. 고구려는 드넓은 영토와 강한 군사력을 자랑하던 나라였어요. 백제는 비록 고구려에 밀려 남쪽으로 내려오긴 했지만 근초고왕 때의 영광을 기억하고 있는 나라였죠. 문화 강국으로서 일본에도 많은 영향을 주었고요.

두 나라에 비하면 신라는 영토도 작고 발전도 많이 늦었어요. 전성기도 가장 늦게 맞이했고요. 하지만 결국 삼국을 통일한 나라는 신라입니다. 삼국 중 가장 힘이 약했던 신라는 어떻게 최후의 승자가 될 수 있었을까요?

...

여러분은 축구나 야구 같은 스포츠 경기를 좋아하시나요? 선생님은 야구를 정말 좋아하는데요. 야구를 관람하다 보면 스포츠가 한 편의 영화 같다는 생각을 해요. 경기가 끝날 즈음이 되면 결과가 이미 나왔다고 생각하잖아요. 그런데 야구에서는 때때로 이런 생각을 뒤집는 반전이 일어나거든요.

우리는 이런 반전에 즐거움을 느껴요. 그런데 스포츠 경기만큼이나 반전이 있는 것이 또 있어요. 바로 역사입니다. 역사는 놀라운 반전으로 가득 차 있지요.

삼국 시대만 해도 그래요. 수백 년 동안 다투던 삼국을 통일한 나라는 군사 강국 고구려도, 문화 강국 백제도 아니었어요. 두 나라에 비해 군사적으로도 문화적으로도 뒤처진 나라였던 신라가 삼국을 통일합니다.

우리는 신라가 삼국을 통일했다는 사실에 안타까워할 때가 있어요. 하필이면 신라가 삼국을 통일해서 드넓은 고구려의 영토를 잃어버렸다는 이유로요. 거기다 신라는 삼국을 통일하기 위해 외국 세력인 당까지 끌어들였잖아요.

이렇게만 보면 신라의 행동이 얄미울 수 있어요. 또 "고구려가 삼국을 통일했다면 우리나라가 넓은 영토를 가지고 더 크게 발전하지 않았을까?" 하고 생각하는 친구들도 있을 거예요.

하지만 역사에 만약은 없어요. 실제로 삼국을 통일한 나라는 우리가 약하다고 말하는 신라니까요. 그러면 어떻게 강한 고구려가 아니라 약해 보이는 신라가 삼국을 통일했을까요?

사실 신라한테는 숨겨둔 힘이 있었어요. 겉으로는 평범해 보이지만 사실은 엄청난 능력을 가진 영화 속 히어로처럼 말이죠.

그럼 신라는 사실 고구려, 백제보다 강했던 건가요?

자신이 정복한 땅에 순수비를 세웠던 진흥왕을 기억하시나요? 진흥왕 때 한강 유역을 차지하면서 신라가 전성기를 맞았잖아요.

신라는 한강 유역을 차지한 뒤 영토를 크게 확장합니다. 한강을 통해 중국과 직접 교류할 수 있게 되었고요. 신라는 비로소 고구려, 백제와 어깨를 나란히 할 수 있는 국력을 가지게 된 거예요.

그렇다고 신라가 고구려나 백제를 단박에 무너뜨릴

만큼의 힘을 가지게 된 것은 아니었어요. 고구려는 거대한 중국에 맞서서 당당하게 승리를 거머쥘 정도로 강했어요. 백제도 신라에게 복수할 기회만 호시탐탐 노리며 힘을 기르고 있었고요.

신라는 전성기를 맞이하고 얼마 지나지 않아 위기에 빠집니다. 고구려와 백제가 양쪽에서 공격해 들어왔기 때문이죠. 이런 위기 속에서 신라에서는 선덕 여왕이 왕위에 올라요. 선덕 여왕은 우리나라 역사에서 처음으로 왕이 된 여성입니다.

신라는 골품제라는 폐쇄적인 신분 제도를 가지고 있었어요. 골품제 아래서는 원칙상 가장 높은 신분인 성골만 왕이 될 수 있었어요. 그런데 성골의 수가 점점 줄어들면서 왕이 될 수 있는 남성 성골이 사라지자 선덕 여왕이 왕위에 오릅니다. 신라 사회에서는 성별보다 혈통이 더 중요했던 거죠. 하지만 신라의 귀족들은 여성이 왕위에 오르는 것을 못마땅하게 생각했어요.

그리고 하필이면 선덕 여왕 때 백제의 본격적인 공격

이 시작돼요. 642년 7월 백제의 의자왕이 군사를 이끌고 신라의 성을 마흔 개나 빼앗습니다. 그리고 그 기세를 몰아 8월에는 대야성을 함락시켜요.

대야성은 신라의 수도 경주로 가는 길목에 있는 중요한 성이에요. 그러니 대야성을 백제에 빼앗기면 백제는 곧바로 신라의 수도를 위협할 수 있었지요. 신라에게는 엄청난 위기였어요.

선덕 여왕은 김춘추를 고구려에 보내 도움을 요청합니다. 하지만 당시 권력을 장악하고 있던 연개소문은 신라가 고구려로부터 빼앗은 영토를 돌려주면 도와주겠다고 해요. 사실은 도와줄 마음이 없었던 거죠.

결국 김춘추는 빈손으로 돌아오게 됩니다. 귀족들은 선덕 여왕을 비웃었을 거예요. "거 봐, 여자가 무슨 왕을 하겠다는 거야!" 하면서요.

하지만 선덕 여왕은 포기하지 않았어요. 그는 위기를 새로운 방식으로 해결하는 지혜를 가진 왕이었거든요.

선덕 여왕이 어떻게
위기를 넘어섰는데요?

　대야성을 백제에 빼앗긴 직후, 선덕 여왕은 탑을 하나 쌓습니다. 바로 황룡사 9층 목탑이에요. 안타깝게도 지금은 탑이 지어졌던 자리만 남아 있습니다. 몽골의 침입 때 완전히 불타 버렸거든요.

　이 목탑은 높이가 팔십 미터나 되는 어마어마한 탑이었다고 해요. 팔십 미터면 아파트 삼십 층 정도 높이거든요. 한국과 중국, 일본을 통틀어도 이보다 높은 목탑

은 존재하지 않아요. 황룡사 9층 목탑이 불에 타지 않았다면 지금쯤 우리나라를 상징하는 문화유산이 되었을 거예요.

이 정도 높이의 탑을 짓는 건 정말 용감한 결정이었어요. 지금도 아파트 한 채를 지으려면 시간과 돈이 정말 많이 들어요. 지금처럼 과학 기술이 발전하지 않았던 신라 시대에는 훨씬 많은 사람들의 힘과 시간이 필요했겠죠?

당시 신라는 백제의 공격뿐 아니라 심한 가뭄 때문에 나라 안팎으로 위기에 빠져 있었어요. 이런 어려운 상황에서 팔십 미터나 되는 탑을 지으려고 했으니 선덕 여왕도 부담을 느꼈을 거예요. 그럼에도 선덕 여왕은 과감하게 탑을 완성합니다.

완성된 황룡사 9층 목탑의 각 층은 신라를 괴롭히던 주변 나라들을 의미합니다. 1층부터 차례대로 일본, 당, 오월, 탐라, 백제, 말갈, 거란, 여진, 고구려를 적어 넣었어요. 아는 나라도 있지만 모르는 나라도 참 많죠?

그런데 왜 주변 나라들의 이름을 탑에 새겼을까요?

이건 언젠가 이 나라들을 신라의 발밑에 두겠다는 의지였어요. 지금은 신라가 위기에 빠져 있지만 곧 어려움을 이겨 내고 힘 있는 나라가 되겠다는 것이었죠.

선덕 여왕의 의지는 탑을 통해 모든 사람에게 퍼져 나갔어요. 지금이야 하늘을 찌를 듯한 고층 빌딩이 많지만 옛날에는 아니었잖아요. 아마 황룡사 9층 목탑만 사람들 눈에 띄었겠지요. 이렇게 높은 탑이라면 경주 어디서든 볼 수 있었을 거예요.

백성들이 눈 뜨고 일어나 농사를 지으러 갈 때도, 농사를 마치고 집으로 돌아올 때도 탑이 보였을 겁니다. 그러면서 저 높은 탑에 새겨진 나라 모두를 발밑에 놓겠다는 선덕 여왕의 마음을 떠올렸겠죠.

이것이 선덕 여왕의 바람이었어요. 신라 사람들의 마음을 하나로 모으는 것, 우리도 강해질 수 있다는 꿈을 신라 사람들과 함께 나누는 것 말이죠.

혼자만의 꿈은 재미있는 공상으로 그치기 쉬워요. 우리가 아무리 재미있거나 좋은 생각을 하더라도 머릿속에만 남아 있으면 이루어지지 않으니까요. 하지만 함께 꾸는 꿈은 현실이 됩니다. 특히 많은 사람을 움직이려면 분명한 꿈이 필요해요.

그래서 선덕 여왕은 삼국 통일이라는 꿈을 분명하게 보여 줄 황룡사 9층 목탑을 세운 거예요. 탑이 지어진 뒤 선덕 여왕의 꿈은 점점 신라 사람 모두의 꿈이 되었습니다.

위기의 순간에도 꿈을 꾼 선덕 여왕. 이 용감한 꿈이 있었기 때문에 신라는 삼국 통일을 이뤄 낼 수 있었어요. 우리도 마찬가지예요. 앞에 닥친 문제에만 정신을 쏟다 보면 꿈을 꾸지 못하거든요.

이제 신라 사람들은 같은 꿈을 꾸게 되었습니다. 그러면 그 꿈을 함께 현실로 만들 사람이 필요하겠죠? 꿈을 현실로 만들어 주는 건 우리 같은 사람이니까요. 이때 선덕 여왕의 눈에 들어온 두 사람이 있었어요. 바로 김춘추와 김유신입니다.

김춘추와 김유신은 어떤 사람들이었나요?

김춘추와 김유신은 신라가 삼국을 통일하는 데 가장 큰 힘을 발휘한 사람들이에요. 둘은 아주 친한 친구이기도 했습니다. 그리고 친하다는 것 외에도 둘에게는 공통점이 있었어요. 둘 다 신라의 지배층이긴 했지만 지배층 안에서는 차별 대우를 받았다는 점이에요. 요즘 말로 신라 사회의 아웃사이더, '아싸'라고 할 수 있지요.

김춘추는 신라의 왕족이었어요. 김춘추의 할아버지가 왕이었죠. 우리는 왕족이면 떵떵거리면서 무서울 것 하나 없이 살았을 거라고 생각하지만 김춘추는 그렇지 못했습니다. 김춘추의 할아버지였던 진지왕은 나라를 제대로 다스리지 못해 쫓겨난 왕이었거든요. 그러니 아무래도 다른 왕족에 비해 대우가 좋지 않을 수밖에 없었지요.

그리고 김유신은 같은 김씨지만 신라 왕족이 아니었어요. 원래는 신라 사람도 아니었지요. 김유신은 신라에 멸망한 금관가야의 왕족이었습니다. 물론 멸망한 나라여도 왕족은 왕족이니 어느 정도는 좋은 대접을 받았겠지만 신라 사회에서 차별을 받을 수밖에 없었습니다.

선덕 여왕은 이렇게 신라 사회에서 아웃사이더였던 김춘추와 김유신을 중요한 자리에 앉혔어요. 옛날처럼 엄격한 신분제 사회에서는 상상하기 어려운 일이었죠. 아무리 능력이 뛰어나도 좋은 집안에서 태어나지 않으면 높은 자리에 올라갈 수 없던 시대니까요. 선덕 여왕도 차별을 받던 여성 왕이었기 때문에 편견 없이 김춘추와 김유신을 곁에 둘 수 있었는지도 몰라요.

선덕 여왕은 미처 신라가 삼국을 통일하는 순간을 보지 못하고 죽어요. 하지만 선덕 여왕의 눈은 틀리지 않았어요. 김춘추는 뛰어난 외교 능력으로 당과의 동맹을 이끌어 냈고 나중에는 왕위에 오릅니다.

김유신은 신라군 전체를 지휘하며 백제, 고구려와의 전쟁을 승리로 이끌죠. 660년 신라는 백제를 제압하고 668년에는 고구려까지 무너뜨립니다. 그리고 신라와의

어린이를 위한 역사의 쓸모

약속을 깨고 한반도를 집어삼키려 했던 당마저 쫓아내면서 삼국을 통일해요.

황룡사 9층 목탑이 완성된 후 선덕 여왕은 "우리가 삼국의 주인공이 될 것이다"라고 선언했다고 합니다. 결국 선덕 여왕의 그 꿈대로 가장 뒤처져 있었던 나라 신라는 최후의 승자가 되었어요.

역사는 위기를 기회로 만드는 법을 알려 준다

학교에서는 공부를 잘하는 친구들이 칭찬을 받아요. 좋은 성적을 받는 것을 가장 중요하게 생각하니까요. 또 운동을 잘한다거나 무엇이라도 눈에 띄는 장점을 가진 친구들은 학생들 사이에서 인기가 많아요. 그래서 성적이 좋지 않거나 당장 눈에 띄는 장점이 없다고 생각하는 친구들은 스스로 못났다며 자책하는 경우가 있어요. 학생에게는 학교가 전부니까 여기서 눈에 띄지 못하면 앞으로 계속 그렇게 지낼 것만 같은 기분이 드는 것이죠. 여러분도 다른 사람과 나를 비교하면서 자신을 못났다고 생각한 적이 있을지 모르겠네요.

  하지만 전혀 그렇지 않아요. 지금 우리의 모습이 아무리 보잘것없는 것처럼 보이더라도, 우리는 언제든 멋진 모습으로 바뀔 수 있습니다.

역사를 보면 우리의 현재 모습을 옆 친구와 비교하면서 불안해 할 필요가 없다는 것을 알 수 있어요. 다 끝날 때까지는 끝난 게 아니니까요. 가장 약한 신라가 삼국을 통일한 것처럼 우리도 끝까지 가 봐야 아는 거죠.

여러분도 어려운 문제가 생길 때면 선덕 여왕과 신라를 떠올려 보는 건 어떨까요? 그때 그 사람들의 생각과 결정을 따라가는 거죠. 꿈을 분명하게 그리고 꿈에 맞는 목표를 세워 보세요. 선덕 여왕이 황룡사 9층 목탑을 세웠듯이 말이죠.

역사 속에는 위기를 기회로 만들었던 많은 사람들이 있어요. 우리도 이들처럼 포기하지 않고 끝까지 최선을 다해 보는 거예요. 기분 좋은 반전을 기대하면서요.

기억하세요, 여러분. 끝날 때까지 끝난 게 아닙니다!

원효 대사는
정말로 해골 물을 마셨나요?

모든 것은 마음먹기에 달려 있다

 이번에는 여러분도 잘 아는 이야기로 시작해 볼까 해요. 바로 해골 물을 마신 원효의 이야기입니다. 이 이야기에는 원효와 의상이 등장해요. 둘은 신라에서 가장 유명한 승려이기도 하죠. 원효와 의상은 나이 차이가 났지만 서로 가깝게 지냈어요. 당으로 유학도 함께 떠나죠.

 당으로 가는 도중 늦은 밤 큰비를 만난 두 사람은 비를 피해 급히 가까운 동굴로 들어갑니다. 그리고 동굴에서 하룻밤 자게 되죠. 그런데 침대도 이불도 없는 동굴에서 자려면 얼마나 불편하겠어요? 원효가 새벽에 잠에서 깨고 맙니다. 일어났더니 목이 너무 마른 거예요. 어디 물웅덩이라도 없나 더듬더듬 주변을 살피던 원효는 물이 담긴 그릇을 하나 발견하고 물을 벌컥벌컥 마셔요. 목마를 때 마신 물이라 훨씬 맛있었겠죠? 원효는 물을 달게 마신 뒤 곧바로 곯아떨어집니다.

아침에 눈을 뜬 원효. 그런데 옆에는 그릇이 아니라 해골 하나가 놓여 있었어요. 알고 보니 원효와 의상이 잠든 곳은 동굴이 아니라 무덤이었습니다. 원효가 맛있게 마신 물도 그냥 물이 아니라 해골바가지에 담긴 썩은 물이었던 거죠.

원효는 썩은 물을 마셨다고 생각하자마자 구역질이 났어요. 밤에는 그렇게나 달고 맛있었던 물인데 말이에요. 그때 원효는 깨달음을 얻습니다. "아, 똑같은 물이어도 생각하기에 따라 완전히 다른 물이 되는구나. 모든 것은 내 마음에 달려 있어." 하고요.

신라가 삼국을 통일하던 시대에 가장 많이 변한 것 중 하나가 바로 불교예요. 그전까지 왕과 귀족의 종교였던 불교는 이때 백성들의 종교로 발돋움하게 되죠. 여기에 가장 큰 공을 세운 사람이 바로 해골 물 이야기의 주인공 원효 대사입니다.

∙ ∙ ∙

　식탁 위에 물이 반쯤 담겨 있는 컵이 있다고 생각해 볼까요? 물컵을 본 누군가는 "물이 반이나 남았네"라고 말하겠지만, 누군가는 "물이 반밖에 안 남았어"라고 할 수도 있겠죠. 아마 여러분도 이 이야기를 들어 보았을 거예요. 마음먹기의 중요성을 말해 주는 대표적인 이야기니까요.

　물론 우리가 어떻게 생각하든 컵에 남아 있는 물의 양은 똑같아요. 긍정적으로 생각한다고 해서 누가 컵에 물을 채워 주는 것도 아닙니다. 다만 똑같은 상황에서도 바라보는 시선이 달라지면 우리 행동이 바뀌고, 앞으로 미래도 바꿀 수 있는 거죠.

　그래도 정확히 뭐가 달라지는지 모르겠다고 생각할 수도 있어요. 당장 뚜렷하게 달라지는 것은 없으니까요.

　이런 순간에 역사는 큰 도움을 줍니다. 우리는 역사를 통해 과거에 살았던 사람들을 만날 수 있잖아요. 마음먹기에 따라 역사 속 인물들의 삶이 얼마나 달라졌는지 찾아볼 수도 있죠. 앞에서 이야기한 원효가 그 대표적인 사례입니다. 무덤에서 해골 물을 마셨던 원효의 깨달음이 신라의 불교를 완전히 바꿔 놓거든요.

원효는 어쩌다 해골 물을 마시게 되었나요?

이때는 많은 승려가 당으로 유학을 떠났어요. 불교를 중국으로부터 받아들였기 때문에 아무래도 깊이 있게 불교를 공부하기 위해서는 당으로 유학을 가야 한다고 생각한 거죠.

원효도 그런 분위기 속에서 평소 가깝게 지내던 의상과 함께 당으로 유학길에 오른 것 같아요. 여기서 그 유명한 해골 물 이야기가 나왔고요. 그렇다면 원효가 해골 물을 마시고 깨달았던 것은 과연 무엇이었을까요?

원효는 신라 시대에 살았던 승려입니다. 신라는 법흥왕 때 불교를 나라의 공식 종교로 받아들였어요. 이 시기의 불교는 어려운 말로 호국 불교의 성격을 띠었어요. '호국'에서 '호'는 보호한다는 뜻이고, '국'은 나라를 뜻해요. 그러니 호국 불교는 불교 신앙으로 나라를 보호한다는 의미지요.

삼국은 저마다 불교의 힘으로 나라를 지키려 했어요. 그래서 나라가 위험에 빠지면 불교를 통해 사람들의 마음을 하나로 모으려 했지요. 선덕 여왕도 황룡사 9층 목탑을 세울 때 각 층마다 신라를 괴롭히는 나라들의 의미를 더했잖아요. 불교에 의지해서 이 나라들로부터 신라를 지키겠다는 뜻이었죠.

하지만 삼국 시대의 불교는 평범한 백성들을 위한 종교가 아니었어요. 앞서 말했듯 백성들보다는 왕과 귀족을 위한 종교였지요.

불교에는 '왕즉불'이란 말이 있거든요. 왕은 곧 부처라는 뜻이에요. 부처는 불교에서 깨달음을 얻은 사람을 말합니다. 불교에서는 이 부처의 가르침을 믿고 따라요. 그러니 왕이 곧 부처라고 하면 불교를 믿는 사람들은 왕을 더 따르고 위대하게 생각하겠죠. 그래서 고구려, 백제, 신라에서는 왕부터 앞다투어 불교를 받아들였고 불교를 통해 왕권을 강화했어요.

나중에는 귀족들도 비슷한 주장을 합니다. 불교에서는 전생에 어떻게 살았는지에 따라 현재의 삶이 결정된다고 하거든요.

삼국의 귀족들은 이것을 자신들에게 유리한 방향으로 해석했습니다. 자신들이 전생에 선하게 살고 덕을 많이 쌓았기 때문에 현생에서 귀족으로 태어났다고 주장한 거예요. 그러니 자신들이 백성들을 다스리는 것은 당연하다는 거죠.

이렇게 시간이 지나며 불교는 점차 지배층 중심의 신분 제도를 단단하게 만드는 역할을 하게 되었어요.

백성들은 불교를 제대로 알기조차 어려웠어요. 부처님의 말씀이 쓰여 있는 책을 보려면 일단 글을 읽을 줄 알아야 했거든요. 이때 사용하던 한자는 지배층만이 읽고 쓸 수 있는 글자였어요. 그래서 한자를 모르는 백성들은 불교를 이해하기 어려웠죠. 즉, 글을 아는 소수의 귀족들만 부처님의 말씀을 읽고 깨달음을 얻었던 것이죠.

죽음 뒤에는 극락이라는 좋은 장소가 있다는 이야기도 귀족들만 알고 있었어요. 지금 당장 이 세상에서 행복하게 사는 방법뿐 아니라 죽고 나서 잘사는 방법마저 왕과 귀족들이 독차지하려 했던 거예요.

아무리 맛있는 음식이 있더라도 내가 먹을 수 없으면 아무 소용이 없잖아요. 불교가 딱 그랬어요. 불교에서는 깨달음을 얻으면 부처가 될 수 있고 착하게 살면 극락에 갈 수 있다고 가르쳤어요. 하지만 왕과 귀족들이 자기들끼리만 그 방법을 알고 있었던 거죠.

원효가 살았던 시대는 바로 이런 모습이었습니다. 이런 상황에서 원효는 해골 물을 마시게 된 거예요. 사실 원래 이야기에는 원효가 해골 물을 마셨다는 내용이 없어요. 그냥 동굴인 줄 알고 편하게 잤는데 무덤 속이었고 이를 통해 깨달음을 얻었다고만 기록되어 있죠.

중요한 것은 해골 물을 정말로 먹었는지가 아니에요. 원효가 깨달음을 얻었다는 것이 중요합니다. 해골 물을 마신 원효는 유학을 포기하고 신라로 돌아갑니다.

누군가의 변화가 세상을 바꿀 수 있나요?

원효는 해골 물 사건으로 '모든 것은 마음에 달렸다'라는 깨달음을 얻은 뒤 신라로 돌아와요. 그리고 누구나 자신과 같은 깨달음을 얻을 수 있다고 알리기 위해 길거리로 나갑니다.

이때는 신라가 삼국을 통일하기 위해 끊임없이 전쟁을 치르고 있었어요. 신라가 싸움에서 이기더라도 쉴 새 없는 전쟁에 백성들은 무척 지쳤을 거예요. 사랑하는 사람을 전쟁에서 잃기도 했을 거고요.

우리는 보통 승려 하면 조용히 수행하는 사람을 떠올리잖아요. 다른 사람들보다 훨씬 진지할 것 같은 느낌도 있고요. 그런데 원효는 파격적인 모습으로 백성들에게 다가갑니다. 길거리에서 백성들과 스스럼없이 이야기를 나누었어요. 또 노래하고 춤추고 술도 마셔요. 모두 백성들에게 쉽게 다가가기 위해서였죠.

원효는 〈무애가〉라는 노래도 지어 거리에서 불렀다고 해요. 지금으로 치면 길거리 공연을 했던 것이죠. 가사가 기록으로 남아 있지는 않지만, 모든 것은 다 마음에서 나온다는 뜻이 담긴 노래였다고 합니다.

원효는 노래를 만드는 능력도 뛰어났던 것 같아요. 밭을 갈던 노인들도 이 노래를 부르며 놀았다고 하니까요. 어려운 설교보다는 노래가 사람들에게 훨씬 와닿았을 거예요. 노래를 따라 부르며 자연스럽게 불교에서 말하는 깨달음을 얻을 수도 있었을 거고요.

지금까지도 유명한 나무아미타불이란 말도 원효가 만들어 냈어요. '나무'는 믿고 의지한다는 뜻이고, '아미타불'은 극락을 다스리는 부처의 이름이에요. 한마디로 나무아미타불은 극락에 갈 수 있도록 아미타불에게 부탁하는 말입니다.

원효는 전쟁 때문에 힘들고 지쳐 있던 사람들에게 나무아미타불만 외우라는 간단한 가르침을 전했어요. 원효와 함께 나무아미타불을 외쳤을 백성들의 모습, 상상이 가세요?

원래 글을 모르면 불교를 알 수 없다고 했잖아요. 다들 어려운 책을 읽어야 불교의 가르침을 따를 수 있다고 생각했을 거예요. 그런데 나무아미타불만 외우면 된다니요! 이때부터 사람들은 불교에 열광해요. 가난한 사람들도 원효가 가르쳐 준 노래와 춤을 따라 했어요. 그러면서 나중에는 나의 삶도 변할 수 있다는 희망을 키워 나갔지요.

한편 원효는 불교를 설명하는 책도 많이 씁니다. 불교에는 여러 가지 다른 가르침이 있는데 원효는 이런 다양한 가르침을 잘 조화시키려고 했어요. 원효는 불교의 다양한 가르침이 조화롭게 어울리길 바랐거든요. 글을 읽을 수 있는 귀족이나 승려에게도 적극적으로 다가갔던 거죠. 원효는 정말 신라 시대의 진정한 슈퍼스타였어요. 원효 덕분에 신라 사회는 불교로 하나가 될 수 있었습니다.

원효의 가르침이 널리 퍼지면서 왕과 귀족들만의 종교였던 불교는 모든 사람의 불교가 돼요. 이제 평범한 백성도 불교의 가르침을 알 수 있게 된 것입니다.

역사는 같은 일을
다르게 바라보도록 돕는다

역사는 오늘 내가 잘살기 위해 꼭 필요한 것이에요. 누군가에게는 사소할 수도 있는 깨달음으로 세상을 바꾼 사람들을 만나게 되거든요.

이런 사람들은 우리와 너무나 다른 존재인 것만 같아

요. 하지만 역사 속 인물들이 대단히 엄청난 능력을 갖춘 사람들만은 아니에요. 원효가 그랬던 것처럼 우리도 똑같은 상황에서 마음가짐을 다르게 하면 나와 내 주변까지 변화시킬 수 있습니다.

매일 우리는 많은 사람을 만나며 크고 작은 일을 해요. 물론 대부분 사소한 일일 수도 있어요. 그렇지만 마음먹기에 따라 그 사소해 보이는 일은 내게 깨달음을 주는 해골 물이 될 수도 있습니다. 원효를 보세요. 그저 목이 말라 물 한 잔 마셨을 뿐이에요. 우리도 매일 하는 일이지요. 그렇지만 그 사소할지도 모르는 일에서 큰 깨달음을 얻었잖아요.

주변을 둘러보세요. 우리 모두가 놓치고 있는 해골 물이 있을지 몰라요. 어떤 일에 맞닥뜨렸을 때 한 번 더 생각해 보세요. 우리 모두가 사소해 보이는 일 하나하나에도 의미를 발견하고 최선을 다한다면 나중에는 훨씬 나은 사람이 되어 있을 테니까요.

중국은 왜 발해를
자기네 역사라고 하나요?

잘못된 주장에 맞서는 지혜

고구려와 백제를 멸망시키고 삼국을 통일한 신라. 그런데 이 시기 신라 북쪽에는 또 하나의 나라가 있었습니다. 바로 대조영이 세운 발해입니다.

발해는 옛 고구려 땅에 세워진 나라로, 무려 이백 년 이상 이어지면서 우리 역사의 당당한 주인공으로 활약했어요. 남쪽에는 신라, 북쪽에는 발해가 자리하고 있었던 이 시기를 우리는 남북국 시대라고 부릅니다.

보통 우리 역사에서 가장 넓은 영토를 차지했던 나라 하면 고구려를 생각하기 쉬워요. 하지만 영토만 따져 본다면 발해의 영토가 더 넓었어요. 발해의 힘이 가장 강했을 때는 고구려 땅의 두 배 가까운 영토를 지녔다고 합니다.

우리는 교과서에서 발해를 우리나라의 역사로 배우고 있습니다. 그런데 발해를 자기네 역사라고 주장하는 나라들이 또 있어요. 바로 중국과 러시아예요. 중국도 발해는 자기네 역사라고 하고, 러시아도 발해를 자기네 역사라고 말해요.

이건 발해의 영토가 워낙 넓다 보니 생긴 일이에요. 발해의 영토는 지금으로 치자면 중국에도 있었고, 러시아에도 있었고, 한반도 북부에도 걸쳐 있었어요. 유물이나 유적도 중국, 러시아, 북한 지역에서 골고루 발견되고 있고요. 그러니 서로 발해를 자신의 역사라고 주장하는 거죠. 특히 중국은 발해뿐 아니라 고구려 역시 만주 지역에 존재했다는 이유로 고구려 역사가 중국 역사라고 주장하기도 해요.

중국이나 러시아의 이런 주장을 들으면 화가 날 수도 있어요. 다른 나라가 우리의 역사를 빼앗아 가는 것 같으니까요.

하지만 중국 사람들은 중국 입장에서, 러시아 사람들은 러시아 입장에서 말할 수밖에 없잖아요. 이럴 때일수록 우리는 역사를 알아야 합니다. 발해가 어떤 나라인지 정확하게 알게 되면 발해가 어느 나라의 역사인지도 알 수 있으니까요.

해동성국 발해

전성기 때 발해는 '해동성국'이라는 별명을 가지고 있었어요. 바다 동쪽의 융성한 나라라는 뜻이죠. 이 별명은 발해 스스로 붙인 것이 아니라 중국에서 붙여 준 거예요. 중국이 보기에도 전성기의 발해는 크고 번성한 나라였던 거죠. 영토만 봐도 고구려보다 넓었으니까요. 하지만 발해도 처음부터 강한 나라는 아니었습니다.

발해는 옛 고구려 땅에 세워졌어요. 신라가 삼국을 통일했지만 고구려 땅 대부분을 잃어버렸다고 했잖아요. 고구려가 멸망한 뒤 당도, 신라도 자신들이 무너뜨린 고구려 땅을 제대로 다스리지 못하는 상황이었어요.

그래서 당은 고구려 유민들을 강제로 요서 지역에 이주시켰어요. 이 사람들이 옛 고구려 땅에 남아 있으면 다시 힘을 합쳐 나라를 세우려고 할 수도 있으니까요. 그렇게 요서 지역에는 고구려 유민과 말갈인, 거란인들이 강제로 옮겨와 살게 되었어요.

이때 당의 지배에 불만을 품고 있던 거란족 사람들이 반란을 일으킵니다. 그리고 이런 혼란 속에서 고구려 장군 출신이었던 대조영이 고구려 사람들과 말갈족 사람들을 모아서 옛 고구려 땅으로 탈출해요. 말갈족은 지금 중국을 이루고 있는 여러 민족 중 하나인 만주족의 조상이에요.

탈출한 대조영은 698년 옛 고구려 땅인 동모산에서 발해를 세웁니다. 신라와 당 연합군이 고구려를 무너뜨린 것이 668년이니까 고구려가 사라진 지 정확히 삼십 년 만에 고구려 사람이 다시 옛 고구려 땅에 나라를 세운 거예요.

발해는 옛 고구려 땅을 하나하나 되찾으며 성장해 나갑니다. 전성기를 맞이한 발해는 중국도 무시할 수 없을 정도로 강했어요.

중국이 발해를 해동성국이라고 부른 때도 이 시기쯤입니다. 콧대 높은 중국도 발해가 강하다는 사실을 인정할 수밖에 없었던 거예요.

그렇게 승승장구하던 발해는 어느 날 갑자기 역사에서 사라집니다. 926년에 발해 북쪽에 살던 거란의 침략을 받아 별 저항도 없이 무너지고 만 것이죠. 거란의 기록에는 "피 한 방울 흘리지 않고 발해를 무너뜨렸다"라고 나와요.

발해가 아무것도 못 해 보고 허무하게 사라졌다니, 정

말 이상한 일이죠? 그래서 역사를 공부하는 사람들은 발해의 지배층이 서로 심하게 다투는 통에 나라의 힘이 약해졌다고 말해요. 그래서 발해에 침입한 거란을 제대로 막아내지 못해 멸망했다고 추측하죠. 하지만 해동성국이라고 불릴 만큼 강했던 발해가 전성기를 누린 지 백 년도 되지 않아 멸망한 이유에 대해서는 많은 학자들도 아직 의문을 품고 있어요.

갑작스러운 멸망 때문인지 발해에 관한 기록은 그렇게 많지 않습니다. 정말 안타까운 일이에요. 그래서 발해의 역사는 아직도 알려지지 않은 부분이 정말 많아요. 그러니 중국도 러시아도 발해를 자기네 역사라고 주장하는 거죠.

하지만 시무룩해질 필요는 없어요. 발해가 우리 역사라는 것을 알려 주는 증거가 여럿 남아 있거든요. 먼저 과거 발해 사람들이 스스로를 중국 사람이라고 생각했는지, 아니면 고구려 사람이라고 생각했는지 알아보도록 합시다.

발해 사람들은 자신이 어느 나라 사람이라고 생각했어요?

앞에서 설명한 것처럼 발해는 고구려 사람들과 말갈족 사람들이 힘을 모아 세웠습니다. 이때 백성의 대부분은 말갈족이었다고 해요. 그래서 중국은 백성들이 말갈족이었으니 발해는 고구려를 이어받은 것이 아니라 말갈족의 나라였다고 주장해요. 그리고 이제는 말갈족이 중국인이니까 발해도 중국 역사에 넣으려 하죠.

하지만 발해 지배층의 대부분은 고구려 사람이었어요. 그러니 지배층을 중심으로 자연스럽게 고구려를 계승했다는 생각이 이어져 올 수밖에 없었지요. 발해를 세운 대조영도 고구려의 장수였으니까요.

무엇보다 발해 왕이 일본에 보낸 외교 문서가 있어요. 이 외교 문서를 보면 발해 왕은 자신을 '고(구)려의 왕'이라고 소개해요. 그러면서 자신이 고구려의 옛 땅을 되찾았다고 말하죠. 고구려를 이어받았다는 의식을 분명하게 드러낸 거예요. 그리고 일본도 발해를 고려(고구려)라고 불렀어요. 이걸로 게임 끝이에요. 이 편지는 발해를 우리 역사로 볼 수 있는 가장 확실한 증거입니다.

또 발해가 멸망한 뒤 발해의 왕족들은 다른 곳으로 가지 않고 고려로 몰려갑니다. 고려를 세운 왕건도 발해 왕족을 기쁘게 받아들여요. 그러면서 발해를 친척 나라라고 부르기도 했죠. 고려도 고구려를 이어받은 나라였거든요. 발해와 고려가 똑같이 고구려를 이어받았으니 서로를 친척이라 생각했던 거죠.

그럼 고구려와 발해가 닮은 점도 있었나요?

발해는 넓은 나라인 만큼 다른 지역의 다양한 문화를 받아들이며 발전했습니다. 그래서 말갈족이나 중국의 문화와 비슷한 면도 있지요.

하지만 발해는 고구려 문화에서만 나타나는 몇 가지 특징을 그대로 간직했어요. 우리는 이런 특징을 통해 발해가 고구려 계승 의식을 가지고 있었다는 사실을 알게 됩니다.

먼저 발해 유적에서는 고구려의 온돌과 비슷한 온돌 유적이 발견되었어요. 우리나라에서는 오래전부터 불을 지펴서 따뜻한 공기로 바닥을 덥히는 온돌을 사용했거든요. 그런데 온돌은 우리나라 고유의 문화라서 중국이나 다른 지역에서는 발견되지 않아요. 하지만 발해 유적에서는 고구려와 유사한 온돌이 발견됩니다. 이러한 사실을 보면 발해 사람들은 고구려의 생활 풍습을 그대로 이어받았다고 할 수 있지요.

발해는 무덤을 만드는 방식도 고구려와 비슷했습니다. 고구려는 무덤 천장을 만들 때 특별한 방식을 사용했는데, 그것을 '모줄임천장'이라고 불러요. 그런데 발해의 무덤 중에도 이 모줄임천장을 따른 무덤이 발견됩니다. 고구려의 무덤 건축 방식을 알지 못했다면 따라

할 수 없었겠죠.

그리고 발해의 토기, 기와, 건물 장식 등은 고구려의 것과 많이 닮아 있어요. 석등, 불상 같은 불교 건축물도 마찬가지고요.

물론 발해 역사에는 아직 밝혀지지 않은 부분이 많이 있습니다. 하지만 지금까지 나온 증거만으로도 발해가 고구려 계승 의식을 가지고 있었던 나라라는 사실은 누구도 부정할 수 없을 거예요.

역사는 잘못된 주장에 대처하는 지혜를 길러 준다

지금까지 발해가 어떤 나라였는지, 왜 우리의 역사인지 살펴봤어요. 발해를 알고 나면 발해가 우리 역사라는 사실이 분명해지지요. 하지만 우리가 발해를 잘 모른다면 왜 우리 역사인지도 정확히 말할 수 없을 거예요. 교과서에 나오니까 우리 역사라고 생각할 뿐이겠지요.

우리 역사에는 발해 말고도 다양한 논쟁거리가 있어요. 대표적으로 일본에는 독도를 자기네 땅이라고 주장하는 사람들이 있습니다. 이럴 때 우리는 어떻게 맞설 수 있을까요? 만약 누군가 독도가 한국 땅인 근거를 묻는다면 여러분은 어떻게 대답할 건가요?

먼저 일본이 독도를 자기네 땅이라고 말하는 이유를 확실하게 알아야겠죠. 그리고 역사 속에서 일본의 주장을 반박할 만한 근거를 찾아내면 됩니다. 독도가 우리 땅인 근거는 여러 기록에 남아 있으니까요. 그런 뒤 독도가 역사적으로 우리 땅이라는 충분한 근거를 들면서 당당하게 말하면 돼요. 그러면 다툴 필요 없이 충분히 설명할 수 있어요.

그릇된 주장을 하는 사람에게 무작정 목소리만 높일 수는 없어요. 상대방의 주장이 틀린 이유, 내 주장이 맞는 이유를 충분히 설명하면서 설득해야 상대방을 이해시킬 수 있죠.

　이렇게 역사는 잘못된 주장에 맞설 지혜를 길러 줘요. 아는 것이 힘이란 말이 있잖아요. 역사를 알아야 누군가의 일방적인 주장에도 대처할 수 있어요. 그리고 역사를 아는 것은 잘못된 주장에 맞설 때만 필요한 게 아니에요. 역사를 알면 우리 역사를 내 것으로 만드는 진짜 힘을 얻을 수 있습니다. 그 힘은 우리를 앞으로 나아가게 할 원동력이 될 거예요.

12장

위인들은 다 좋은 집안에서 태어난 똑똑한 사람들인가요?

내 가능성을 믿고 쫄지 말자

역사를 공부하다 보면 위인들의 삶과 우리의 삶이 너무 다르다는 생각을 하게 돼요. 역사 속에 이름을 남긴 사람들은 대부분 왕이나 귀족들이잖아요. 한마디로 잘 살았던 사람들이죠.

기록이 있어야 자신의 역사가 남게 되잖아요? 옛날에는 신분이 높은 사람만 글을 쓰고 읽을 수 있다 보니 평범한 사람들은 역사에 자신의 이름을 남길 기회조차 얻지 못했어요.

특히 고대 사회는 고려나 조선보다 신분 질서가 엄격했어요. 신라에는 골품제라는 신분 제도가 있었죠. '골'에 해당하는 성골이나 진골은 대부분 왕족이에요. 그 아래에 해당하는 '품'에는 6두품부터 1두품까지 있었어요. 6두품부터 4두품까지는 관직에 오를 수 있는 계급이었고, 3두품부터는 점차 평민으로 분류됩니다. 신분에 따라 오를 수 있는 관직의 등급이 정해져 있었던 거예요.

골품제는 정말 엄격했어요. 옷의 색깔, 집의 크기, 수레 장식의 종류 같은 일상생활에서도 골품에 따라 차별을 두었죠. 6두품은 나름 높은 신분의 귀족이었지만 절대 진골만큼 높은 관직에는 오를 수 없었어요. 아무리 일을 잘하고 똑똑해도 자신에게 주어진 신분을 뛰어넘을 수는 없었던 거죠. 귀족에 속하는 6두품도 이랬는데 평민의 삶은 어땠겠어요?

이런 신라 말, 신라의 땅 끝자락 어느 섬에서 미천한 신분으로 태어난 한 사람이 있었어요. 엄격한 골품제 사회에서는 자신의 신분에 맞게 평생 바닷가에서 물고기를 잡거나 농사를 지으며 살아야만 하는 운명이었죠.

하지만 그는 주어진 운명을 받아들이지 않고 스스로 자신의 운명을 만들기 위해 눈앞에 펼쳐진 푸른 바다를 건넙니다. 이 사람이 바로 바다의 신, 해상왕이라고 불리며 한국과 중국, 일본의 바다를 주름잡았던 장보고입니다.

장보고도 평범한 우리와 다른 특별한 사람 아닌가요?

역사에 기록된 장보고는 정말 엄청난 사람이에요. 맨몸으로 당에 건너가 군인으로 성공했을 뿐만 아니라 국제 무역을 통해 큰 부를 거머쥔 사람이거든요. 하지만 이렇게 대단한 사람이었는데도 어떻게 태어났는지, 부모님이 어떤 사람이었는지는 알 수 없어요. 《삼국유사》에 미천한 출신이었다고만 적혀 있을 뿐이죠.

역사를 공부하는 사람들은 장보고가 전라도의 완도 근처에서 태어난 평민이었을 거라고 추측해요.

심지어 장보고는 이름조차 없었어요. 당시 평민들은 성은 당연히 없고 이름도 제대로 짓지 않았거든요. 장보고는 어릴 때 '궁복'이라는 이름으로 불렸어요. 우리말로 하면 활보라는 뜻이지요.

밥을 잘 먹는 사람을 보면 먹보라고 하고, 잘 우는 사람은 울보라고 부르잖아요? 어린 시절부터 활을 잘 쐈던 장보고를 사람들이 그냥 활보라고 불렀던 거죠.

신라는 평민이 감히 꿈을 꿀 수 없는 세상이었어요. 신분이 없는 지금도 금수저니, 흙수저니 하며 사람을 차별하는 경우가 있잖아요. 신라는 심지어 골품제라는 엄격한 신분 제도가 있었습니다. 골품제 사회에서 장보고 같은 평민은 정말 흙수저 중의 흙수저였죠.

신라에서 신분은 벗어날 수 없는 운명이었어요. 아무리 노력하고 노력해도 절대 신분을 뛰어넘지 못했지요. 평민들은 꿈을 가지지 않는 게 차라리 나았어요. 백 퍼

센트 이루어질 수 없으니까요. 그런데 어느 정도 자란 장보고는 그만 꿈을 갖게 됩니다. 저 바다를 건너야겠다는 꿈이요.

　장보고가 정확히 어떤 마음으로 바다를 건너 당으로 갔는지는 알 수 없어요. 추측해 볼 뿐이죠. 장보고가 살던 신라 말이 되면 귀족들의 권력 다툼 때문에 나라가 혼란스러워졌어요. 백성들의 삶은 더욱 팍팍했죠. 그래서 많은 신라인들이 몰래 배를 타고 당으로 건너갑니다. 이런 분위기 속에서 장보고도 어차피 신라에서는 아무것도 할 수 없으니 더 넓은 세상으로 나아가 보자고 생각하지 않았을까요?

물론 바다 건너에서 어떤 일이 벌어질지는 누구도 알 수 없어요. 기회가 있을 수도 있지만 위험이 기다리고 있을 수도 있지요. 하지만 장보고는 일단 도전합니다. 꿈을 이룰 기회가 이번뿐일지도 모르니까요.

　장보고는 당으로 건너가는 데 성공합니다. 당시 당 곳곳에서는 반란이 일어나고 있었어요. 반란을 진압하려면 군인이 많이 필요하잖아요. 그래서 외국에서 온 사람들도 가리지 않고 군인으로 받아 주었지요. 중국으로 건너간 장보고도 이때 군대에 들어갈 수 있었습니다. 장보고라는 이름도 여기서 만들었고요.

군인이 된 장보고는 자신이 가진 장점을 제대로 살립니다. 장보고의 어린 시절 이름이 활보였다고 했잖아요? 활쏘기만큼은 기가 막혔을 거예요.

중국의 역사책에도 장보고의 활약이 기록되어 있어요. 활을 쏘고 창을 휘두르며 싸우는 장보고를 영웅처럼 나타내고 있죠. 계속 싸움에서 큰 공을 세운 장보고는 병사들을 지휘하는 자리까지 올라가요.

군인으로 성공한 장보고는 다시 바다를 바라봐요. 이제 장보고의 눈에는 바다를 오가며 장사를 하는 배가 보이기 시작합니다. 그래서 장사에 뛰어들어요. 장보고는 장사 감각이 뛰어났던 것 같아요. 군인으로 성공했던 장보고는 장사로도 엄청나게 큰돈을 벌었습니다. 중국에서 이름이 날 정도로 부자였다고 해요. 완전 재벌이 된 거죠.

일본에서도 외국의 귀한 물건을 가져다주는 장보고를 재물의 신으로 섬겼습니다. 지금도 일본의 상인들은 장보고를 신으로 모신다고 해요.

꿈을 이룬 뒤에는 무엇을 해야 하나요?

　장보고는 어린 시절 자랑하던 활 솜씨로 뛰어난 장군도 되었고, 장사로 돈도 엄청나게 많이 벌었습니다. 지금까지 모아 둔 돈과 권력을 가지고 편안하게 살 수 있었지요. 하지만 그의 마음속에는 또 하나의 꿈이 자라나고 있었습니다. 바로 바다를 건너 다시 신라로 돌아가는 것이었어요.

　장보고는 언제나 바다를 보며 꿈을 키워 왔어요. 바다를 보면서 낯선 땅 중국으로 건너가게 되었고, 바다를 보면서 장사라는 꿈을 꿨지요.

　그런데 이제 성공하고 바다를 바라보니 지금껏 보이지 않던 모습이 보이기 시작했어요. 해적들에게 잡혀 노예로 팔려 가는 신라 사람들이 보였던 거죠. 장보고는 신라 사람들을 괴롭히는 해적들을 없애겠다는 새로운 꿈을 꾸기 시작합니다.

신라에 돌아간 장보고는 수도인 경주로 가서 왕을 직접 만납니다. 놀랍지 않나요? 바닷가 소년이 출세해서 왕을 직접 만날 수 있게 된 거예요.

장보고는 왕에게 당당하게 말합니다. "저에게는 돈도 있고 힘도 있습니다. 허락만 해 주신다면 해적을 몰아내 드리겠습니다." 왕의 입장에서는 허락하지 않을 이유가 없죠. 왕의 허락을 받은 장보고는 곧바로 완도에 군사 기지인 청해진을 세웠어요.

청해진이 세워진 뒤로는 해적들이 난동을 부렸다는 이야기가 거의 없습니다. 장보고의 능력이 정말로 뛰어났기 때문이겠죠. 그 뒤 장보고는 청해진을 중심으로 한국, 중국, 일본의 바다를 장악합니다. 바다에서만큼은 장보고가 왕이었어요.

 우리는 꿈을 이야기할 때 보통 '무엇이 되고 싶은지'를 말하곤 해요. 유튜브 크리에이터가 되겠다거나, 의사나 과학자가 되겠다거나 하는 식이죠. 그런데 어른이 되어서 원하는 직업을 얻게 되면 우리의 꿈은 끝나는 걸까요? 그럼 꿈을 이루고 나서는 무엇을 해야 할까요?

장보고는 중국에서 군인으로, 장사로 성공한 뒤 신라 사람을 돕겠다는 꿈을 다시 가졌어요. 다른 사람을 돕는 데서 자신의 꿈을 찾은 거예요.

돈이 많으면 행복해요. 좋은 직업을 가져도 행복합니다. 하지만 중요한 건 계속 꿈을 이루어 가는 거예요. 다른 사람에게 도움을 줄 수 있는 꿈이라면 더 좋겠죠.

사람은 자신이 누군가에게 도움이 된다는 생각이 들 때 가장 큰 행복을 느낀다고 해요. 우리 모두 누군가와 관계를 맺으며 살아가니까요.

꿈에 도전하다가 실패하면 어떡하죠?

지금까지 보면 장보고는 한 번의 실패도 없이 모든 꿈을 다 이룬 것처럼 보여요. 어린 시절부터 꿈꾸었던 장군도 되고, 나중에는 장사로 떼돈을 벌어서 재벌도 되었고요. 또 이제는 고향인 신라로 돌아와서 나름대로 대접받으며 살고 있지요. 그런데 장보고의 마음속에는 또 다른 꿈이 꿈틀거리고 있었어요. 바로 신라의 골품제를 깨고 더 높은 곳으로 올라가는 거였지요. 그리고 때마침 장보고에게 기회가 찾아옵니다.

당시 신라에서는 귀족들이 왕위를 놓고 심하게 다투고 있었어요. 이 다툼에서 밀려난 김우징이라는 귀족이 장보고를 찾아옵니다. 장보고가 자신을 도와준다면 왕이 될 수 있을지도 모르니까요.

김우징은 장보고와 한 가지 약속을 합니다. 장보고가 김우징을 적극적으로 도와주는 대신 김우징이 왕이 되면 장보고의 딸을 왕비로 맞겠다고 한 거예요. 딸이 왕비가 되면 장보고도 자연스럽게 귀족이 되겠지요. 장보고의 마음은 다시 한번 꿈에 부풀지 않았을까요?

장보고는 김우징을 열심히 돕기로 결정합니다. 때마침 신라 왕실에서 반란이 일어나요. 김우징은 장보고의 군사를 빌려 반란을 진압하고 왕이 됩니다. 이제 장보고의 꿈은 또다시 이뤄질 것처럼 보였어요.

하지만 약속은 지켜지지 않았어요. 김우징이 왕이 된 지 얼마 지나지 않아 죽고 말았거든요. 김우징의 아들이 뒤를 이어 왕이 되자 장보고는 새로운 왕에게 아버지가 했던 약속을 지키라고 요구했어요. 그런데 신하들의 반대가 정말 심했습니다. 아무리 대단한 장보고라도 귀족들이 보기에는 그냥 천한 신분일 뿐이니까요.

역사책《삼국사기》에 따르면 이때 장보고가 반란을 일으켰다고 해요. 왕이 약속을 지키지 않았다면서 말이죠. 그러자 신라에서는 장보고와 알고 지내던 사이인 염장을 장보고에게 보냅니다. 장보고는 염장을 알고 있었기 때문에 별다른 의심을 하지 않습니다. 하지만 염장은 기회를 엿보다가 술에 취한 장보고를 찔러 죽여요. 바다를 호령하던 장보고는 이렇게 삶을 마쳤습니다.

장보고가 죽은 뒤 장보고가 세운 청해진도 함께 사라집니다. 그러면 장보고의 마지막 꿈은 실패로 끝난 걸까요? 그렇지 않아요. 당장은 실패한 것처럼 보이더라도 꿈은 실패하지 않거든요. 역사를 보면 희망을 품은 꿈은 언젠가 꼭 이루어져요.

　마찬가지로 장보고는 죽었지만 장보고의 꿈은 사라지지 않았어요. 장보고와 같은 꿈을 가진 사람들이 하나둘 나타나기 시작합니다. 바로 호족이에요. 호족들은 신라 사회를 바꾸어 놓길 원했어요. 그리고 시간이 지나 호족 출신 왕건이 새로운 통일 왕조인 고려를 세웁니다. 그 과정에서 골품제는 역사 속으로 사라져요. 장보고의 꿈이 왕건으로까지 이어진 거죠.

역사는 꿈에 도전할 용기를 준다

　지금까지 장보고의 삶을 살펴봤어요. 사실 모든 사람이 장보고가 될 수는 없을 거예요. 장보고처럼 산다고 해도 장보고만큼 성공하지 못할지도 모르죠. 하지만 우리는 장보고의 성공과 실패보다 그가 바라본 꿈과 가능성을 생각해야 해요.

당시 신라 사회는 자신이 가진 가능성을 현실로 만들 수 없는 곳이었어요. 농부는 평생 농부로 살고, 노비로 태어나면 평생 노비인 거예요. 모두 그렇게 사는 걸 당연하게 생각했고요.

그런데 장보고는 달랐습니다. 신분의 한계를 뛰어넘기 위해 바다를 건너 중국으로 갔고, 나중에는 다시 신라로 돌아와 골품제에 도전했어요.

선생님은 장보고가 스스로 다른 누군가와 비교하지 않았기 때문에 계속 도전할 수 있었다고 생각해요. 다른 사람과 비교하면서 내 단점을 없애려고 애쓴 게 아니라 자신만의 강점을 길렀던 거죠. 장보고는 어린 시절부터 갈고닦은 활 솜씨로, 바다에 대한 누구보다 깊은 이해로 자신의 한계를 뛰어넘었습니다.

우리도 마찬가지예요. 내가 가진 가능성을 남과 비교하면 초라해질 뿐이에요. 남의 장점과 나의 단점을 비교하게 될 테니까요. 그래서 비교는 나 자신과만 해야 합니다. 어제보다는 오늘의 내가 더 낫고, 오늘의 나보다 내일의 내가 더 낫길 바라면서 노력하는 거죠.

어린 장보고가 바라봤던 푸른 바다는 지금 우리 앞에도 펼쳐져 있습니다. 여러분도 겁먹지 말고 용기를 내서 그 바다를 건너 보세요. 가능성은 누구에게나 열려 있으니까요.

사진으로 만나는 문화유산

역사 속 사람들이 남긴 문화유산을 통해 당시 사람들의 생활 모습과 생각 등을 알아볼 수 있어요.

주먹 도끼

주먹에 쥐고 사용하는 주먹 도끼는 구석기 사람들의 만능 도구였어요. 주먹 도끼 하나만 있어도 찢기, 자르기, 땅파기 등 여러 가지 용도로 사용할 수 있었죠. 우리나라 대부분의 지역에서 주먹 도끼가 발견되고 있어요.

ⓒ 국립중앙박물관

빗살무늬 토기

빗살무늬 토기는 신석기 시대를 대표하는 토기예요. 대표적인 빗살무늬 토기는 사진과 같이 바닥이 뾰족한 모양이죠. 크기는 커다란 항아리만한 것부터 집에서 사용하는 그릇처럼 작은 것까지 아주 다양해요. 신석기 시대가 지나 청동기 시대가 되면 무늬가 없는 민무늬 토기가 등장합니다.

ⓒ 국립중앙박물관

서울 암사동 움집

움집은 신석기 시대 사람들이 주로 살던 집이에요. 신석기 시대에 농사가 시작되면서 한곳에 정착할 필요가 생겼어요. 그래서 땅을 파고 나무로 기둥을 세운 뒤 풀을 엮어서 움집을 만들었죠. 이런 움집은 무려 삼국 시대 초기까지도 지어졌다고 해요.

ⓒ 국가유산청

연천 학곡리 고인돌

청동기 시대 계급이 생기면서 지배자가 등장합니다. 이러한 지배자의 무덤이 바로 고인돌이죠. 고인돌 중에는 사람 키보다 작은 것도 있지만 5미터가 넘을 정도로 큰 것도 있어요. 이렇게 큰 돌을 옮기려면 많은 사람의 힘이 필요했을 거예요. 우리는 고인돌을 통해 청동기 시대 많은 사람들을 동원할 만큼 강한 권력을 가진 지배자가 존재했다는 것을 짐작해 볼 수 있어요.

ⓒ 국가유산청

비파형 동검

악기 비파를 닮아 비파형 동검이라는 이름이 붙었어요. 우리가 생각하는 검과는 조금 다른 모양이죠? 비파형 동검은 고인돌과 함께 고조선의 문화 범위를 알게 해 주는 유물이기도 해요. ⓒ 국립중앙박물관

강화 참성단

강화도 마니산에 가면 볼 수 있는 참성단이에요. 단군왕검이 하늘에 제사를 지내기 위해 쌓은 것이라고 전해져요. 고조선 이후에도 계속 이곳에서 나라의 제사를 지냈지요. 나중에 여러 번 고쳐 쌓아 안타깝게도 원래 모습을 확인할 수는 없습니다. ⓒ 국가유산청

광개토 태왕릉비

광개토 태왕릉비는 장수왕이 아버지의 업적을 기념하기 위해 세운 비석이에요. 비석은 고구려의 건국 이야기, 광개토 태왕의 정복 활동, 광개토 태왕의 무덤을 지키는 사람들의 명단 등 다양한 내용을 담고 있습니다. 현재 광개토 태왕릉비는 과거 고구려의 땅이었던 중국 지린성 지안현에 있어요. 지금 보이는 사진 속의 비석은 독립 기념관에 똑같은 크기로 세워진 모조품입니다. ⓒ Lawinc82(Wikimedia Commons)

서울 북한산 진흥왕 순수비

진흥왕은 새로 차지한 땅에 영토 확장을 기념하기 위한 비석을 세웠어요. 이를 순수비라고 합니다. 지금까지 발견된 진흥왕의 순수비는 총 네 개인데, 사진에 보이는 비석은 진흥왕이 한강 유역을 정복한 뒤 북한산에 세운 순수비예요. 비석에 새겨진 글을 보면 진흥왕은 자신을 '진흥 태왕'이라고 부릅니다. 고구려의 광개토 태왕과 같은 호칭이죠? 이 글을 통해 강해진 신라의 자신감을 엿볼 수 있어요.

ⓒ 국가유산청

칠지도

칠지도는 백제의 전성기를 이끈 근초고왕이 일본 왕에게 주었다고 추측하고 있어요. 화려한 칼의 모양을 보면 전투용이 아니라 특별한 의미가 있는 선물임을 알 수 있어요. 백제와 일본의 친밀한 관계를 잘 보여 주는 문화유산입니다.

ⓒ 국립중앙박물관

서울 석촌동 3호분

서울에 있는 석촌동 고분군의 3호분은 전성기 백제의 강력한 힘을 보여 주는 유적이에요. 사각형으로 만들어진 이 무덤은 한 변의 길이가 무려 50미터나 돼요. 무덤을 한 바퀴 돌면 거의 200미터를 달리게 되는 셈이죠. 백제 왕의 힘이 얼마나 강했는지 상상이 되시나요?

ⓒ 국가유산청

공주 무령왕릉

공주 무령왕릉은 도굴되지 않은 유일한 백제 왕릉이에요. 무려 4,600여 점에 달하는 유물이 함께 발견되었어요. 무령왕릉을 통해 백제 문화의 우수성과 백제가 주변 나라와 활발하게 교류했다는 사실을 알 수 있습니다.

ⓒ 국가유산청

백제 금동 대향로

백제 금동 대향로에는 도교와 불교의 이상 세계가 잘 드러나 있습니다. 위에는 도교를 상징하는 봉황이, 아래에는 불교를 상징하는 용이 조각되어 있어요.

그 외에도 금동 대향로에는 수많은 사람과 동식물이 조각되어 있는데, 이를 통해 백제의 공예 기술이 얼마나 뛰어난지 느낄 수 있어요.

ⓒ Grampus(Wikimedia Commons)

김해 출토 원통모양 동기

원통모양 동기는 몸체에 구멍이 뚫려 있는 청동기입니다. 안에는 옥이나 청동, 철로 된 구슬이 들어 있어서 뚫려 있는 구멍 한쪽에 나무를 끼우고 흔들면 소리가 나요. 지배자가 큰 행사를 치를 때 사용했던 중요한 도구였어요.

ⓒ 국립중앙박물관

김해 대성동 출토 판갑옷

우리나라에서 발굴되는 철 갑옷 대부분은 가야에서 나왔습니다. 철기하면 가야, 가야 하면 철기였던 거죠. 외부의 침략이 잦아진 5세기에는 철 갑옷의 출토량이 더욱 늘어나요. ⓒ 국립김해박물관

집모양 토기

여러 가지 가야 토기

가야는 여러 나라들이 힘을 합친 연맹 왕국이에요. 여러 작은 나라가 합쳐져 만들어진 연맹이라 다양한 문화가 발전했죠. 집 모양 토기도 있고 오리 모양을 한 그릇도 보이죠? 우리는 이런 익살맞은 토기를 통해서 삼국과 어깨를 나란히 했던 가야의 세련된 예술 감각을 엿볼 수 있습니다.

ⓒ 국립중앙박물관

오리모양 토기

경주 불국사 다보탑

통일 신라를 대표하는 석탑이에요. 우리나라에 있는 신라의 다른 석탑과는 달리 독특한 모양을 하고 있어요. 원형, 사각형, 팔각형이 탑에 잘 표현되어 있고 마치 조각하여 만든 것처럼 정교하고 화려하죠. 우리는 이 탑을 통해 신라 사람들의 뛰어난 예술성을 알 수 있습니다.

ⓒ 국가유산청

경주 불국사 삼층 석탑(석가탑)

다보탑과 함께 통일 신라를 대표하는 석탑이에요. 이 탑을 보수하는 과정에서 가장 오래된 목판 인쇄물인 《무구정광대다라니경》이 발견되었습니다.

ⓒ 국립문화재연구소

무구정광대다라니경(복원품)

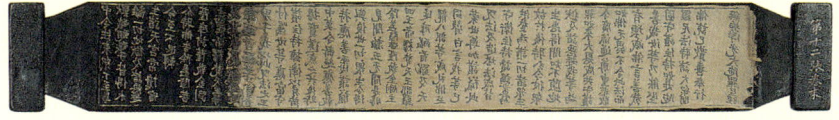

ⓒ 국립청주박물관

황룡사 목탑 지대석

외부의 침입에 시달리던 선덕 여왕은 불교의 힘으로 백성의 마음을 모으고 나라를 지키고자 황룡사에 황룡사 9층 목탑을 세웠어요. 이후 여러 차례 재건하며 보전되었지만, 1238년 몽골이 침입하면서 황룡사를 모두 불태웠어요. 지금은 이렇게 흔적만 남아 있습니다.

ⓒ 국가유산청

완도 청해진 유적

청해진은 장보고가 지금의 전라남도 완도 앞바다에 있는 작은 섬인 장도에 세운 군사 기지이자 무역 기지예요. 여기는 신라와 당, 일본을 잇는 중계 무역을 하기에 딱 좋은 위치였어요. 장보고가 죽은 뒤 청해진은 사라졌지만, 지금도 섬 전체에서 성을 쌓았던 흔적을 찾을 수 있어요.

ⓒ 완도군청

추천사

《어린이를 위한 역사의 쓸모》를 추천해 주신 선생님들

이 책은 정말 쓸모 있습니다. 단순히 반복하고 외우는 역사에서 벗어나 과거 사람들이 만들어 낸 진짜 '역사'를 마주하고 그들을 이해하고자 하는 사람들에게 추천합니다.
– 고병관 선생님(화홍고등학교)

역사를 통해 어린이의 눈높이에서 현재를 돌아볼 수 있게 하는 역사 나침반!
– 공선애 선생님(연희초등학교)

아이들이 지금을 어떻게 살아가야 할지 알려 주는 길잡이 같은 책!
– 김미혜 선생님(선창초등학교)

시험을 위한 역사가 아닌 인생의 올바른 선택을 돕기 위한 역사를 알려 주는 책.
– 김민주 선생님(부인중학교)

사랑하는 조카들과 함께 읽을 수 있는 역사책을 발견해서 정말 기쁩니다.

— 김재훈 선생님(성사고등학교)

'역사의 쓸모'를 진심으로 알려 주려는 최태성 선생님의 마음이 느껴져 어른인 저도 감동을 받았습니다. 앞으로의 역사를 써 내려갈 어린이에게 꼭 필요한 울림을 주는 책입니다. — 김효주 선생님(호수초등학교)

단연 최고의 어린이 인문학 책입니다!

— 박혜아 선생님(관양초등학교)

어린이의 시선에서 풀어낸 역사 속 궁금한 이야기.

— 손선혜 선생님(솔터고등학교)

어린이들에게 역사란 사실과 의미 그리고 가치로 구성되어 있다는 것을 알려 주는 훌륭한 역사 입문서! — 송민휘 선생님(주곡중학교)

역사를 삶의 지혜로 바라보게 해 주었던 원작의 감동을 이제는 아이들과 나눌 수 있어 기쁩니다. — 안도연 선생님(안산초등학교)

머릿속에 그려지는 문장으로 풀어낸 우리나라 역사 이야기.

— 우민경 선생님(서울가락초등학교)

이 책을 읽으면 어린이도 쉽게 역사를 이해할 수 있겠다는 생각이 들었습니다. 우리 반 아이들에게 추천해 주고 싶은 책입니다.

— 이승우 선생님(밀성초등학교)

어린이에게 꿈과 가능성에 대한 용기를 불어넣어 주는 책입니다.
— 조은설 선생님(옥빛초등학교)

교사로서 아이들과 함께 꼭 나누고픈 이야기들이 담겨 있습니다.
— 최금주 선생님(동삭초등학교)

이 책을 통해 역사는 정말로 현재를 살아가는 데 필요한 '쓸모 있는' 과거가 되었습니다.
— 최영지 선생님(진접고등학교)

우리나라 최고의 역사 선생님이 가르쳐 주는, 내 아이에게 들려주고 싶은 삶의 지혜.
— 최지은 선생님(의왕초등학교)

역사를 통해 세상을 넓고 깊이 있게 바라보는 시선을 길러 주는 최고의 책!
— 허두영 선생님(국립전통예술고등학교)

강은현 선생님(덕현초등학교) / 공미라 선생님(인창중학교) / 공수현 선생님(범계초등학교) / 구주영 선생님(서울두산초등학교) / 권현숙 선생님(안양중앙초등학교) / 김여원 선생님(관양초등학교) / 김예린 선생님(강동초등학교) / 김은영 선생님(인창중학교) / 김은희 선생님(서이초등학교) / 남영숙 선생님(오산초등학교) / 박지혜 선생님(신동초등학교) / 박진선 선생님(인제초등학교) / 신외슬 선생님(범계초등학교) / 신혜영 선생님(선행초등학교) / 심명원 선생님(포남초등학교) / 유재원 선생님(번동초등학교) / 이명숙 선생님(의왕초등학교) / 이서윤 선생님(우이초등학교) / 이지은 선생님(인창중학교) / 이현정 선생님(다산한강중학교) / 임성은 선생님(부천여자중학교) / 조미희 선생님(호원중학교) / 최혜정 선생님(인창중학교) / 한진영 선생님(의왕초등학교) / 홍금희 선생님(감일중학교) / 홍기윤 선생님(호계중학교)

(★★★★★ 출간 즉시 베스트셀러)　　(★★★★★ 어린이 역사 분야 1위!)

어린이의 미래에 필요한 모든 답은
역사에 있다!

마음껏 상상하며 나를 채워 나가는 어린이 인문학

❶ 선사 시대 - 남북국 시대　　❷ 고려 시대 - 조선 전기　　❸ 조선 후기 - 근현대

어린이를 위한
역사의 쓸모

★ 전 3권 완간 ★

이 책을 통해 얻을 수 있는 3가지

◆ 역사 속 사람들과 함께 찾아가는 나의 꿈
◆ 과거를 바라보며 현재를 이겨 내는 용기
◆ 억지로 외우지 않고 자연스럽게 배우는
　 역사의 지혜

어린이를 위한
역사의 쓸모 ❶ 선사 시대 – 남북국 시대

초판 1쇄 발행 2022년 8월 17일
초판 12쇄 발행 2025년 3월 27일

글 최태성 **그림** 신진호 **감수** 별★별 한국사 연구소(곽승연·이상선·김혜진)
펴낸이 김선식

부사장 김은영
어린이사업부총괄이사 이유남
책임편집 마정훈 **디자인** 이정아 **책임마케터** 안호성
어린이콘텐츠사업5팀장 이현정 **어린이콘텐츠사업5팀** 강민영 조문경 마정훈 조현진
어린이마케팅본부장 최민용 **어린이마케팅1팀** 안호성 이예주 김희연 **기획마케팅팀** 류승은 박상준
편집관리팀 조세현 김호주 백설희 **저작권팀** 성민경 이슬 윤제희
재무관리팀 하미선 임혜정 이슬기 김주영 오지수
인사총무팀 강미숙 이정환 김혜진 황종원
제작관리팀 이소현 김소영 김진경 이지우 황인우
물류관리팀 김형기 김선진 주정훈 양문현 채원석 박재연 이준희 이민운

펴낸곳 다산북스 **출판등록** 2005년 12월 23일 제313-2005-00277호
주소 경기도 파주시 회동길 490 **전화** 02-704-1724 **팩스** 02-703-2219
다산어린이 카페 cafe.naver.com/dasankids **다산어린이 블로그** blog.naver.com/stdasan
종이 스마일몬스터 **인쇄** 민언프린텍 **제본** 대원바인더리 **후가공** 제이오엘앤피

ISBN 979-11-306-9266-1 73910

+ 책값은 뒤표지에 있습니다.
+ 파본은 본사 또는 구입하신 서점에서 교환해 드립니다.
+ KC마크는 이 제품이 공통안전기준에 적합하였음을 의미합니다.
+ 아이들이 책을 입에 대거나 모서리에 다치지 않게 주의하세요.
+ 이 책은 아모레퍼시픽의 아리따글꼴을 사용하여 디자인되었습니다.
+ 이 책은 저작권법에 의하여 보호를 받는 저작물이므로 무단 전재와 복제를 금합니다.